LA GUÍA PRÁCTICA PARA SER FELIZ

(O TANTITO MENOS MISERABLE)

El papel utilizado para la impresión de este libro ha sido fabricado a partir de madera
procedente de bosques y plantaciones gestionadas con los más altos estándares ambientales,
garantizando una explotación de los recursos sostenible con el medio ambiente y beneficiosa para las personas.

La guía práctica para ser feliz (o tantito menos miserable)

Primera edición: junio, 2022
Primera reimpresión: agosto, 2022
Segunda reimpresión: septiembre, 2022

D. R. © 2022, Elán

D. R. © 2022, derechos de edición mundiales en lengua castellana:
Penguin Random House Grupo Editorial, S. A. de C. V.
Blvd. Miguel de Cervantes Saavedra núm. 301, 1er piso,
colonia Granada, alcaldía Miguel Hidalgo, C. P. 11520,
Ciudad de México

penguinlibros.com

D. R. © 2022, Nayeli Rojas Mendoza, por las ilustraciones

ISBN: 978-607-381-558-1

Impreso en México – *Printed in Mexico*

LA GUÍA PRÁCTICA PARA SER FELIZ

(O TANTITO MENOS MISERABLE)

ELÁN

AGUILAR

ÍNDICE

INTRODUCCIÓN

Todas las estupideces que cometí antes de este punto de mi vida sirvieron para aprender muchas lecciones que jamás habría aprendido si hubiera sido una personal más normal. Pero ser normal nunca fue lo mío, entonces decidí aventarme al vacío más veces de las que me gustaría admitir y ahora tengo bellos y borrosos recuerdos de esos tiempos. Agradezco estar viva para poder contarte algunas de esas historias y también para recordarte, a ti, que estás leyendo esto, que no siempre tienes que aventarte al vacío para pasarla bien ni para aprender. Siempre puedes conseguirte una amiga como yo que lo haga por ti y que después te lo cuente. Porque hasta para hacer tonterías y cometer errores garrafales hay que ser prácticos.

Cada día aprendo algo nuevo; últimamente me ha dado por aprender de los errores ajenos. Ya no tengo que ser yo la protagonista de pequeñas ni grandes tragicomedias y puede que tenga que ver con que considero que ya no estoy en edad ni tengo la energía para hacer el mismo tipo de estupideces que hacía antes, y con que el premio por haberla pasado bien portándome un poquito mal antes de este punto confirma lo que dicen: el que ríe al último, ríe mejor.

Por ahora me toca enfocarme en hacer las cosas de la mejor manera posible para poder enseñarle a mi hijo que equivocarse es parte de la vida. Que tiene su encanto y sus ventajas no haber vivido una vida perfecta. Que caerse nos sirve para despertar el impulso de querer volver a levantarnos. Que fracasar sólo depende de uno mismo. Que darse por vencido no es una opción. Que tocar fondo realmente no es lo peor que nos puede pasar sino todo lo contrario. Que sufrir es opcional. Que nosotros vamos trazando nuestro destino día con día. Que todos somos los actores principales de nuestra propia obra maestra. Que cada puerta que se nos cierra dejará a la vista otras miles de puertas entreabiertas que nos darán la oportunidad de dejarnos mejores historias. Que algunas historias valdrá la pena contar y otras... no tanto. Que el telón no se baja hasta que uno lo decide.

Con cada lección me he llevado la grata sorpresa de que nada es lo que parece y que la vida no viene con instrucciones. Mis padres me enseñaron que nada es imposible, que el amor existe, que gracias a él uno puede sentir que tiene el mundo a sus pies, que amarnos y amar quienes somos es la raíz de todo, y esto lo confirmamos todos los días. De Jan, mi hermano mayor, aprendí que el mejor lugar para un nuevo comienzo es al final, que sorprender a todos cuando pensaron que ya te habías esfumado es el mejor de todos los triunfos, que confiar en tus locuras es de valientes y que la locura es un superpoder. De ti (tú sabes quién eres) aprendí que hay personas que simplemente fueron destinadas a SER y lo volvería a hacer todo a tu lado un millón de veces más.

Hoy tengo más ganas de vivir que ayer y eso que ayer pensé lo mismo. Hoy tengo más ganas que nunca de ser feliz y se me está cumpliendo.

QUÉ NO HACER O DECIR EN UNA PRIMERA CITA

No sé cómo te sientas tú al respecto, pero a mí me parece una actividad fastidiosa todo lo que conlleva salir a una primera cita con alguien por varias razones. Una de las más importantes es tener que peinarme. Luego viene la pesadilla de hablar con alguien que no conoces durante quién sabe cuánto tiempo sobre cuál es su color favorito, qué signo es, qué libros le gusta leer, cuáles son sus películas preferidas o música favorita y todas esas cursilerías... y todo para ver si se aman o se odian al final de esa cita. Curiosamente, tengo más experiencia con la segunda que con la primera.

Espero que entiendas que esto lo digo porque yo soy una amargada de lo peor y prefiero mil veces salir con mis amigos y decirles que inviten a la persona que me gusta al sitio a donde iremos todos juntos, para así no sentir la misma presión por caerle bien o mal a nadie, además de para asegurar un poco de apoyo moral. Nadie quiere irse a la guerra solo; queremos sentir tantita seguridad y los amigos, en este caso, se convierten en soldados.

LISTA DE COSAS QUE DEBES HACER O NO HACER EN UNA PRIMERA CITA

Si la cita involucra comida y bebida:

- No pidas al centro una canasta de pan con ajo. Casi todos amamos el ajo (y el pan, por supuesto), pero existen personas que no saben disfrutar de la vida y no podemos permitir que el ajo arruine tu noche.
- Por favor, NO mastiques con la boca abierta. Es desagradable y a varios nos molesta muchísimo.
- Si tomas algo de alcohol, que no sea demasiado, a menos que la cita sea tan aburrida que sabes que saliendo de ahí te vas a encontrar con tus amigos y a beber para olvidar la horrible cita de la que te acabas de salvar.

Los ex:

- No hables de tu ex a menos que te pregunte. Si lo hace, seguro quiere saber por qué fue que terminó tu relación. Si quiere saber más, resume brevemente y luego cambia de tema. No te pases dos horas hablando de tu ex, ni hables mal de él o ella. Jamás. Con nadie.

Si tú quieres saber un poco sobre su relación pasada, deja que te cuente brevemente y luego cambia de tema. No dejes que se pase dos horas en el tema de su ex.

Es más: traten de hablar de sus exes lo menos posible. Hablar de ellos hace que lleguen a conclusiones idiotas basadas en otros tiempos y en otras circunstancias.

CÓMO EVITAR MORIRTE/MATARTE DE ABURRIMIENTO:

Si te gusta hablar de un tema en específico porque te interesa, genial. Eso no significa que a todos les va a encantar hablar de ello un buen rato. Si ves que la persona con la que saliste está perdiendo el interés o de plano se está quedando dormida frente a ti, trata de rescatar la situación cambiando de tema o preguntándole algo sobre su vida.

En general si la conversación siempre se trata sólo de ti, a quien sea le vas a provocar una flojera terrible. (Eso último aplica para cualquier situación de la vida.)

Trata de que la conversación sea ligera. Aléjate de temas que incomodan. Intenta ser simpático, pero si ves que tus chistes o bromas no le están cayendo en gracia, seguramente ésa es la señal de que esa cita será un épico fracaso. Sé fuerte hasta el final.

Ahora pongámonos serios y hablemos de lo que realmente importa.

Recuerda que no todos somos compatibles y, para ser muy honesta, aunque me hagas caso con la lista anterior, debes de pensar en las razones por las cuales quieres salir con esa persona y qué es lo que realmente estás buscando. ¿Estás buscando a alguien con quien podrías tener una relación formal o sólo quieres pasarla bien un rato sin ningún tipo de compromiso? Las dos opciones son válidas, aunque en el segundo caso tienes que ser aún más claro en que no estás buscando nada serio. Así las cartas están sobre la mesa, sobre aviso no hay engaño y, si hay quejas, no es tu problema.

De cualquier forma, la realidad es que si estás buscando pareja lo óptimo es que puedas ser transparente y que puedas ser tú mismo. Si le gusta, perfecto; si no, ni modo. Siempre hay un roto para un descosido: aunque esto suene raro, lo creas o no, hay personas que mastican con la boca abierta y encuentran el amor en otra persona que también mastica con la boca abierta, y otras que se enamoran perdidamente de personas que no dejan de hablar de su ex. Es un misterio, lo sé, pero sucede.

La clave para todas las relaciones humanas es que si tienes que pretender ser alguien que no eres o cambiar quien eres para gustarle o agradarle a alguien, AHÍ NO ES.

Así que olvida mi lista de cosas que debes hacer o no hacer en una primera cita y pásala bien. Si hay conexión, triunfaste. Si no, ya llegará alguien más. Alguien a quien le gustes con todas tus locuras y todos tus defectos.

Y sí, a veces yo solita me contradigo, pero lo hago para que entiendas que siempre puedes cambiar de opinión.

CÓMO VIAJAR A OTRA CIUDAD, PAÍS O CONTINENTE PARA ENCONTRARTE CON ALGUIEN QUE SÓLO CONOCES POR INTERNET

Lanzarte hasta el otro lado del mundo confiando en que por fin vas a conocer al amor de tu vida en persona puede ser muy emocionante y demuestra que no le tienes miedo al éxito; pero seamos sinceros: esto puede ser una odisea riesgosa y algo peligrosa. Puede que cuando llegues a ese continente, país o ciudad, te encuentres con alguien que ni siquiera existe o que resulte ser un psicópata (o en un caso más extremo, un asesino en serie).

Yo recomiendo que para este primer encuentro con una persona con la que llevas hablando ya un rato pero nunca se han visto en persona, no viajes solo. Llévate a tu mejor amigo o amiga, que te acompañe en caso de que todo salga mal. De esta manera, si todo termina siendo un desastre podrás vivir ese duelo en bares, museos, parques, restaurantes y sitios turísticos con alguien de confianza en vez de llorar a solas rodeado de personas que no conoces.

Siempre avísale a tu familia a dónde viajarás y cuál será tu itinerario, junto con alguna dirección y números de teléfono en donde te puedan contactar en caso de emergencia. Te sugiero bajar alguna app en donde puedan seguir tu localización a distancia. Tus familiares no tienen la culpa de tus ganas de vivir peligrosamente y tampoco creo que sea justo que vivan preocupados por ti.

Empaca varios pares de calcetines. A nadie le gusta andar oliendo pies hediondos. En especial, la persona que sólo te conoce por internet.

Buen viaje.

CÓMO VERTE BIEN
AUNQUE TE SIENTAS MAL

Pocas cosas son más difíciles que el reto de intentar verte bien cuando te sientes mal. Pero a veces, por cuestiones de trabajo, compromisos a los que tienes que llegar presentable sí o sí, o la vida de adulto en general, no hay de otra.

Así que primero báñate y vístete como si te fueras a encontrar con tu ex. Ponte una playlist de esas que te motivan cuando vas al gym o antes de salir con tus amigos y súbele a todo el volumen. Repite varias veces estas palabras frente a un espejo: "Este día me la va a pelar". Luego desayuna algo que sabes que te hará feliz y que te pondrá de buen humor.

Cuando tu mente trate de jugar el truco de recordarte que te sientes mal le dices: "¡Ni madres, carnal!" y sigues con lo tuyo. Sigue triunfando porque te recuerdo que hoy no tienes tiempo para verte mal. Mañana tal vez.

Ahora sólo hay que esperar y ver si el día te la pela o no. Ánimo.

CÓMO SUPERAR UN "ALGO", UN "CASI ALGO" O UN "TODO"

Los "algo", los "casi algo" y los "todo" se superan de la misma manera: con el tiempo.

Entiendo que a todos nos moleste que nos den este tipo de consejos porque nadie sabe exactamente cuánto tiene que pasar para que disminuya el sufrimiento. Lo chistoso es que entre menos lo pienses, más rápido pasará. Te recomiendo lo siguiente en lo que llega ese momento (aunque sea difícil):

- Distráete con otras cosas e invierte tu tiempo en eso que te haga sentir que tu vida tiene sentido. Busca un pasatiempo que te emocione.
- No te metas el pie yendo a lugares a donde sabes que te lo vas a encontrar. No le llames cuando sabes que no te va a decir lo que quieres escuchar.
- Aléjate y date un tiempo lejos de esa persona porque si no, es un constante recordatorio de que no puedes vivir sin él o ella.

Si ya pasó mucho tiempo y sigues sin superar un "algo", un "casi algo" o un "todo", entonces no ha pasado suficiente.
Si no tienes tanto tiempo para esperar, intenta salir y conocer a alguien nuevo. No vayas por la vida lastimando a alguien más sólo porque te lastimaron: eso sí no se vale.

Algún día te vas a reír de todo esto, créeme. Por ahora, ponte cómodo y canaliza la tristeza de manera productiva. En menos de lo que puedes decir: "¡Me lleva la que me trajo!", llegará alguien nuevo por quien puedas sufrir.

Te prometo que algún día te va a dejar de doler todo lo que hoy te está matando, pero lo tienes que dejar en manos del tiempo.

CÓMO DESPERTAR LOS LUNES CON GANAS

Perdóname que te lo diga: ¡ya no tienes ocho años! Nadie te va a decir que te duermas temprano. Nadie te va a poner horarios. Nadie te va a decir que necesitas tener un poco de disciplina en tu vida. Nadie te va a dar la disciplina para organizar tus metas. Y en especial, nadie te va a dar el hábito para tener todo acomodado en orden de importancia...

Me la vivo diciendo que "ya casi es viernes" todos los lunes por la mañana, porque yo también alguna vez fui de esas personas que odiaba su vida los lunes y tenía cero motivación para cambiar lo que no me gustaba de mí y de mi vida. Todos pasamos por ahí (casi todos). Pero después de cierta edad te tiene que caer el veinte, después de cierta edad tienes que despertar, de preferencia antes de que te des cuenta de que llevas viviendo toda una vida con las ganas de vivir a medias.

Si sigues sin motivación después de mucho tiempo, algo estás haciendo mal. Puede ser que te dediques a algo que no te gusta o por lo que no sientes pasión, o a algo que no escogiste tú, ya sea por necesidad (lo cual también a veces sucede), pero hay que hacer lo mejor con lo que se tiene.

Una vida que vale la pena vivir es la que tienes cuando te dedicas a lo que te gusta, cuando amas quien eres y quien quieres llegar a ser. No hay mejor motivación que entender cuál es tu verdadero lugar en el mundo y seguir por tu camino enfocándote únicamente EN TI y en lo que es importante para ti.

TIPS PARA DARLE UN GIRO RADICAL A TU VIDA

- Deja de quejarte por todo.
- Intenta reírte de lo difícil que puede ser levantarte temprano para que te rindan más las horas.
- Consíguete un trabajo que te fascine.
- Consíguete una meta de vida por la que valga la pena madrugar.

Si no te desvelas los domingos y te enfocas en tus metas, te pones tus propios límites, te exiges horarios fijos y eres disciplinado, notarás un cambio enorme en tu vida.

Despierta; si no hoy, mañana. Recuerda que los lunes siempre van a existir, así que ve pensando en cómo vas a sobrevivirlos. ¡Ya levántate! Es lunes y vas a llegar tarde. Ya casi es viernes.

Las vidas fáciles son para los tibios y, según yo, los que tienen la vida demasiado fácil tampoco han logrado nada.

CÓMO DEJAR DE STALKEAR A TU EX

¿En dónde estuvo el fin de semana?
¿Quiénes son esos nuevos amigos que
jamás habías visto? ¿Por qué razón está
haciendo tantas cosas nuevas que no hacía
contigo? Lo que tú estás buscando es una
señal para ver si tu ex te extraña o no; es
entendible. Puede ser que sí, pero ¿eso
cómo te ayuda? Ya hablando en serio,
¿por qué sigues viendo qué hace tu ex?

Si acabaron mal, seguramente está
compartiendo cosas en sus redes sociales
que sólo lograrán que te quieras aventar en
paracaídas, sin un paracaídas. Y si acabaron
bien, puede que malinterpretes algo que
comparte o, peor que eso, que caigas en
la trampa de pensar que está compartiendo
algo "para ti" cuando realmente no es así.
Ojo con las indirectas, porque puede
que sólo sean letras de canciones o frases
de algún libro y te las estés adjudicando.
Si comparte algo y ese algo te lastima,
generalmente no es sin querer, y si tú
sigues sufriendo por alguien que sólo tiene

intenciones de hacerte daño, aun cuando ya no está contigo, entonces mereces toda la agonía que estás sintiendo.

Stalkear tiene su lado bueno y su lado malo. El lado bueno es que si quieres superar a alguien más rápido tienes que dejar de fingir que eres ciego y ver a esa persona por lo que realmente es. El lado malo es que a veces tendemos a aferrarnos más a personas que nos tratan mal y se vuelve mucho más difícil tomar la decisión de dejar de ver todo lo que hace, aunque ya ni siquiera sea tu pareja.

Cuando alguien te trata mal, te aferras a ese alguien por estupidez y por ego. La ironía es que cuando el ego está lastimado, pide más dolor. No me preguntes por qué, simplemente así sucede. Cuando el ego está lastimado comienzan a salir otros demonios, como querer volver con esa persona únicamente por capricho y ahí comienza un círculo vicioso interminable de ver quién puede lastimar más a quién. Por eso, muchas veces quieres volver con una persona para demostrarle que tú puedes hacerle más daño a su ego.

Cargar con un ego lastimado
es una cosa peligrosísima.

Mi consejo: stalkea a tu ex el tiempo que
necesites para hacerte entender
que sufrir es un desperdicio de tiempo
y que, si en verdad te extrañara o
quisiera volver contigo, te buscaría.

REUNIONES, COMIDAS FAMILIARES Y JUNTAS DE TRABAJO INCÓMODAS

Creo que muchos siguen sin entender la importancia de alejarse de temas delicados durante reuniones, comidas con familiares o amigos y juntas de trabajo. Sólo se necesita un tema controversial para romper con la armonía que podemos desarrollar naturalmente con otros seres humanos. Nosotros mismos tenemos la culpa de vivir estos momentos tan desagradables en lugar de intentar llevar la fiesta en paz por querer a la fuerza tocar temas en los que no todos vamos a estar de acuerdo y que causan explosiones internas (y a veces también externas) en las demás personas.

Madurar es darte cuenta de que otras personas no piensan como tú, aceptarlas y no querer cambiar sus creencias y opiniones sólo porque no te parecen. Si quieres dejar de vivir este tipo de momentos incómodos, una de las cosas que tienes que hacer es dejar de hablar de futbol, religión y política. En caso de que no tengas opción y tengas que exponer tu punto de vista acerca de alguno de estos tres temas, intenta ser breve.

Existen millones de temas de los que uno puede platicar y que no tienen que sacar de quicio a todo mundo. Es más, en la mayoría de los casos, aunque parezca una estupidez, hablar del clima, aunque sea algo aburrido o cliché para muchos, te puede sacar de apuros.

En lugar de futbol, religión o política está la opción de aprender a escuchar lo que los demás tengan que decir acerca de otros temas sin tener que demostrarles que tú eres el "más informado sobre todo lo que ocurre en el mundo" y, por lo tanto, el más inteligente y culto. A nadie le gusta perder su tiempo con el típico "yo siempre tengo la razón en todo" y que, además de imponer siempre su punto de vista, juzga a quien está en desacuerdo.

Así que, di menos, escucha más y aprende a callarte en momentos en los que el silencio es mil veces mejor que cualquier debate que nadie va a ganar.

CÓMO CANCELAR PLANES Y COMPROMISOS DE ÚLTIMO MOMENTO

Existen varios puntos clave que tienes que recordar si estás pensando en cancelar algún plan que hiciste cuando pensabas que era una buena idea. El primero es pensar muy bien qué tanto afectará tu relación con la persona o personas a las que les estás cancelando. El segundo es qué tipo de planes se vale cancelar. El último, y más importante de todos, es que no hayas usado la misma excusa antes porque te van a cachar y esto hará que quedes fatal.

LISTA DE EXCUSAS
QUE CASI NUNCA FALLAN

- Tienes diarrea explosiva.
- Se enfermó tu perro/gato/hurón y lo tienes que cuidar.
- Te hablaron de último momento por una emergencia familiar.
- Nadie te puede cuidar al bebé. (Esta excusa es una de las más efectivas, pero no aplica si no tienes hijos.)
- Acabas de terminar con tu pareja y "no tienes muchas ganas de salir ni ver a nadie". (Acuérdate de decir que no tienes ganas de ver a nadie porque en una de esas te dicen: "Ay, ¿estás triste? Si quieres, vamos a tu casa para que no te sientas solo".)
- Crees que tienes "el bicho", mañana te harás una prueba.
- Te hablaron de la oficina y tienes que ver a tu jefe. (No especifiques cual oficina, "la oficina" suena suficientemente serio.)
- Te salió un viaje de trabajo de último momento.
- Se murió el primo abuelo de la tía de la hermana de tu cuñada. (Puede que no funcione, pero no te pueden decir nada porque no está bien bromear sobre la muerte.)

De todas formas, existe una enorme posibilidad de que la o las personas a las que les estás cancelando ya sepan cómo eres y lo más seguro es que no sea la primera vez que lo haces, así que sabrán que cualquier excusa que intentes darles es mentira, pero mínimo lo intentaste.

¡Felices cancelaciones!

CÓMO HABLAR CON ALGUIEN QUE TE GUSTA

Muchos ya saben que invitarle unas tortas a alguien que te gusta es casi infalible. Para los que estén leyendo esto y no hayan nacido en México, una torta es un alimento (muy delicioso, por cierto) que se elabora con un pan partido a la mitad y se rellena con una serie de ingredientes distintos. Puede llevar una milanesa de res, pollo, carne, jamón, pierna de cerdo adobada, salchicha, chorizo, etcétera. Las tortas pueden ser frías o calientes, con salsas y aderezos de todo tipo, con queso, frijoles y con chiles jalapeños.

Habrá dos o tres casos en los que el consejo de invitarle a alguien una torta no funcionó y si no funciona, entonces ya sabemos qué tipo de personas son: personas que rechazarían unas tortas deliciosas. ¡Una locura inimaginable!

Así que además del consejo de las tortas, pongámonos serios: la vida es muy corta para andar con rodeos. No hay tiempo para sentarse a lamentarse de que no tienes idea de "cómo hablar con alguien que te gusta" y aunque esa persona puede que no sea para ti, tu meta es quitarte la duda y que no quede en ti.

¿Te va a dar pena ser quien da el primer paso y romper el hielo? Sí. ¿Vas a sentir que mueres lentamente? Sí. Pero ¿se tiene que hacer porque puede que esa persona sea el amor de tu vida? SÍ, SEÑOR.

¿Qué es lo peor que puede pasar?

NO LE GUSTAS
Y NO QUIERE SALIR CONTIGO.

Listo. Eso es lo peor que puede pasar.

¿Y qué podría suceder si te atreves a hablar con ella y resulta ser la persona con la que siempre habías soñado?

SE CONOCEN, SE ENAMORAN
Y VIVEN FELICES POR SIEMPRE. TANTÁN.

Yo sé que lo hago parecer fácil pero, ya en serio, no es el fin del mundo. No puedes tenerle tanto miedo a algo que posiblemente te pueda traer más felicidad de la que podrías imaginar. Eso ya es de cobardes.

Piensa en lo verdaderamente liberador
que puede ser bajar la guardia y ser
vulnerable; demostrarle a alguien que te
importa más de lo cree, y no olvidar que
a veces en la vida tienes una oportunidad
para hacer algo con todas las agallas
y que la suerte caiga a tu favor.

La buena es que también existe la opción
de que, en lugar de unas tortas, puedas
invitarle cualquier otra cosa que sepas
que tiene carbohidratos. Si tu crush es
muy saludable también hay varias opciones
(que no se me vienen a la mente en este
momento, gracias a Dios), pero sin duda
pueden encontrar algún restaurante que
prepare ensaladas, con o sin aderezo,
con o sin crutones y sin calorías.

En resumen: deja de darle
tantas vueltas al asunto.

Si te gusta, DÍSELO.

CONSEJOS PARA SOBREVIVIR A LAS REDES SOCIALES

Las redes sociales son lugares en donde muchos presumen sus vidas, que a veces son reales y a veces son las que les gustaría tener; le cuentan sus problemas a personas que no conocen o simplemente comparten fotos de sus mascotas. A esos últimos les agradecemos de todo corazón por existir.

Aquí van un par de consejos que te pueden servir:

- No copies a nadie. Estamos hartos de las copias. (Menos en TikTok, ya que ahí parece que regalan premios por copiarle a todo mundo, pero cambiándole dos o tres cositas para hacerlo menos obvio.)

- Sé tú. Entre más raro seas, mejor.

❈ No te conviertas en un comercial viviente. Tenemos que comer, pero hay algunos que lo único que hacen es vendernos cosas todo el día, todos los días y a todas horas, y es el tipo de contenido que después de un rato cansa. Encuentra un par de marcas o productos que vayan contigo y que te gusten en verdad, pero intenta no parecer comercial las veinticuatro horas al día.

❈ Demuéstrales a tus seguidores que no sólo son un número más y crea una comunidad en donde todos sean como parte de una familia. El chiste es sentirnos menos solos en el mundo. Cuando creas una comunidad cercana con personas que siguen tu contenido día a día, entiendes que muchas de esas personas pueden llegar a ser más importantes en tu vida que la mayoría de tus "amigos" que ni siquiera te felicitan en tu cumpleaños. Aunque muchos no lo crean y se burlen de ti, te sorprendería la cantidad de personas increíbles que existen detrás de ciertos likes y comentarios.

- Piensa bien antes de hablar de temas y cosas que no sabes.

- Si haces algo que no estuvo bien en redes sociales, no es el fin del mundo, pero aprende de tus propios errores.

- No tengas miedo de intentar cosas nuevas.

- Mantén un poco de misterio. No todos merecen saber cada detalle de tu vida. Guarda algo para ti.

- Si vas a subir fotos con tu pareja, no subas miles porque ya sabemos que eso sólo indica que alguno o los dos no son tan felices como aparentan. Y cuando cortan es más obvio.

- Si estás feliz, compártelo, pero no finjas ser feliz si no lo eres ni uses el positivismo falso para generar más audiencia, porque lo único que estás haciendo es crear una expectativa absolutamente inalcanzable para ti y tus seguidores.

- Ignora a los haters, pero agradece que existen porque sabemos que ellos son tus más grandes admiradores.

- No se le puede dar gusto a todos y esto lo tienes que saber. Ni lo intentes.

- No trates de imponer tus puntos de vista y creencias acerca de TODOS los temas del momento, porque lo único que harás es dar flojera y a nadie le gusta que le estén diciendo cómo vivir su vida y qué pensar o sentir acerca de absolutamente TODO.

- Si no sabes bailar y quieres subir contenido bailando, te apoyo, pero no sientas que tienes que ponerte a bailar sólo porque todos lo están haciendo. Algunos lo hacen mejor y ésta es una realidad. Encuentra para qué eres bueno y perfecciónalo.

- Para absolutamente todo y todos hay un espacio en redes sociales, así que, si sólo quieres compartir un tipo de contenido, hazlo sin miedo y sin pena.

- Si te "cancelan", ni modo. Tú sigue feliz con tu vida y enfócate en lo tuyo, mañana cancelarán a alguien más.

TODOS VAMOS A VIVIR Y TODOS NOS VAMOS A MORIR

Vivir un duelo es de las cosas más difíciles que vamos a tener que hacer en esta vida. La muerte duele porque hay demasiados miedos que la envuelven y dudas que surgen cuando hablamos de ella. Cuando algún ser querido, familiar o conocido se va puede dejar un vacío imposible de describir en nuestras vidas. Pero todos somos mucho más fuertes de lo que pensamos y cuando creemos que ya no podemos más con ese dolor, aunque no lo creas, siempre podremos un poquito más.

Lo que yo he entendido de la muerte es que no es algo que te duele dos o tres días y luego vuelves a tu vida normal, la muerte viene en secuelas. A veces vas a sentir que superaste que alguien ya no está y otras veces te va a tumbar y no vas a saber qué hacer con tu vida, y eso también es completamente normal. Es normal que sientas que tú también quieres morir cuando muere alguien a quien quisiste mucho.

Me gustaría decirte que este tipo de duelos no duran tanto, pero depende de cada situación y de cada persona. Más allá de esperar a que el dolor pase rápido, será algo con lo que tendrás que aprender a vivir. Después de un tiempo sentirás menos tristeza al recordar momentos que significan mucho para ti, que marcaron tu vida y que siempre llevarás contigo. Recordar a esa persona que ya no está físicamente no significa que no puedes recordarla todos los días; tal vez un día recordarla dolerá menos, pero no dejará de doler por completo.

Tómate el tiempo que necesites para llegar a aceptar que la vida puede que no vuelva a ser la misma, pero eso no quiere decir que no puedas volver a ser feliz. Habla con alguien de confianza y date permiso de sentir ese dolor tan profundo, porque ese dolor también es el que te está enseñando que si algo sabes hacer, es sentir. Escribe lo que sientes y como dijo la inimitable Celia Cruz: "Ríe, llora, que a cada cual le llega su hora".

OIGAN, SOY GAY

Por si la vida no fuera suficientemente difícil puede que llegue un momento clave en el que decidas que es momento de contarle a tu familia, padres, hermanos, amigos, conocidos y colegas, que eres gay. Algunos lo van a aceptar y otros no. Ésa es la simple realidad. Así es la vida. No lo hagas para que te acepten. Si te aceptan, excelente, y si no, también.

Tú eres quien eres sin importar que lo acepten o no, pero no exijas que reaccionen de la manera que tú estás esperando. No tengas expectativas de cómo será una vez que reciban la noticia. Una de las cosas que más te va a decepcionar en esta vida son tus propias falsas expectativas de ciertas situaciones y cómo se desenvuelven. Pero no hagas lo mismo de lo que te quejas, acepta a todos aunque ellos no estén dispuestos a aceptarte.

La decisión de salir del clóset puede cambiar tu vida para bien porque después de eso ya no tienes que vivir una doble vida, ni mentir ni fingir más. De ahí en adelante quienes estén contigo tendrán un lugar muy importante en tu vida y los demás quizá vayan entendiendo con el tiempo que quererte tal y como eres les abrirá los ojos y el corazón a un mundo de amor incondicional, y eso será gracias a ti.

DEJA DE COMPARARTE

Hazme un favor: deja de compararte, deja de creer que porque tu amiga que se casó en Dubái con el tipo guapo, joven, inteligente y rico, tú tienes que hacer lo mismo. Deja de creer que porque todos tus amigos ya tienen hijos, negocios, ya compraron una mansión y cinco coches, tú tienes que tener lo mismo. Deja de pensar que si no terminaste la carrera y no quisiste ser doctor, abogado, licenciado o arquitecto, no tienes futuro. Deja de presionarte pensando que si no tienes todas las respuestas a tus treinta años ya fracasaste. Si todavía no tienes idea de qué vas a hacer con tu vida, eso no quiere decir que un día no te vayas a levantar y tener claro el rumbo que vas a tomar.

Todas las vidas son diferentes y por más que quieras hacerte sentir menos porque "todos ya tienen todo asegurado" (cosa que muchas veces es mentira), y que porque tú ni siquiera sabes qué día de la semana es, eso no quiere decir que no puedes cambiar tu destino de la noche a la mañana. A veces pensamos que estamos destinados para dedicar nuestra vida a una cosa y terminamos haciendo algo completamente diferente.

Te voy a contar algo: lo malo de haber tenido mucho "éxito" con mi primer disco (y en particular, con mi primer sencillo en el año 2003), es que después de eso el mundo que me rodeaba esperaba más canciones del mismo tipo y, cuando me dieron ganas de componer y cantar otro tipo de canciones, fui percibida como un fracaso por todos menos por mí.

Claro que hace varios años también me vi frente a la presión de querer compararme con los demás, pero cuando lo hice, mi vida no mejoró nada. Sólo me hizo sentir que ya no debería de seguir en la música y que todo lo que había logrado hasta ese punto no tenía valor. Estaba rotundamente equivocada.

Llevo casi veinte años con una carrera en la música y hasta hace muy poco entendí que no se trata de un disco o una canción, se trata del proceso, de la pasión que siento por la música. Yo he sido feliz creando, cantando y componiendo diferentes tipos de canciones de diferentes géneros desde que inicié mi carrera y no pienso cambiarlo para volver a "recrear" una canción que tuvo "más éxito que las demás" (según la opinión de algunos de mis críticos), sólo por haber estado en las listas de "top 10" en varios países durante varias semanas consecutivas. Agradezco que haya sido así, pero esa canción no define quién soy yo como músico, cantante, compositora ni como persona.

Aprendí que no todo se trata de "la fama" y "el éxito", se trata de amar lo que hago y hacerlo a mi manera y con la libertad de cambiarlo cuando quiero y como quiero porque, "el éxito", en mi opinión, es relativo. Lo que para muchos significa "tener éxito" para otros no significa lo mismo. Algunos piensan que es precisamente eso: fama, dinero, reconocimientos, premios... Para otros, es poder hacer lo que quieres sin que nadie te moleste. Para mí, poder seguir haciendo lo que te gusta años después de haber comenzado es, en sí, el éxito. Poder intentar cosas nuevas sin miedo y poder cambiar todos los días el rumbo que se suponía que tenías que tomar, para mí, eso es el éxito.

Mi filosofía es que ser exitoso
tiene que ver con tu percepción
y cómo te superas a ti mismo día con día.

Confiar en el proceso y en las lecciones
que te deja el tiempo es de las mejores
cosas que me han sucedido: entender quién
soy como músico sin olvidar que ser músico
tampoco me hace mejor o diferente a los
demás, y que soy capaz de hacer otras cosas
que no están relacionadas con la música sin
limitarme y sin encajonarme. La vida se trata
de eso: de intentar cosas que jamás pensaste
que serían para ti, de darte cuenta poco a
poco que tienes talentos escondidos que
ni siquiera tú sabías que tenías, de dejar
atrás la creencia de que si eres bueno para
una cosa, no eres bueno para nada más.

En este mundo tan cambiante, yo
recomiendo que todos estemos dispuestos
a aprender a renovarnos y a retarnos a
nosotros mismos, salirnos del cajón
de tener que ser lo que todos piensan
que tenemos que ser y darnos la
oportunidad de convertirnos en
lo que realmente queremos.

Que si un día quiero cantar, canto. Que si al siguiente me da por escribir guiones y grabarme comiendo para videos de YouTube, lo haré. Que si un día se me ocurre pasar un rato ameno dando consejos que a veces funcionan y veces no, ¿quién me va a detener?

Así que deja de compararte, deja de tomarte tan en serio, porque te hará perder la perspectiva de que aunque no sepas qué sigue de aquí, eso no quiere decir que un día no encuentres lo que te haga realmente feliz.

Aprende a reírte de ti. Disfruta el camino de encontrarte, de entender quién eres y por qué estás aquí.

Aprende a disfrutar cada instante del camino y de tus ideas, por más locas que sean y por más que te juzguen por intentar mil cosas antes de encontrar tu lugar en el mundo. Puede que estés a punto de darte cuenta de que el destino tal vez no sea un sitio fijo y estancado en donde ya no hay espacio para crecer y aprender, sino que el destino es móvil e infinito.

EL PASADO YA PASÓ

Lo que no sueltas del pasado te está afectando en el presente y te está nublando la vista hacia tu futuro. Todo ese peso que cargas contigo (y por el que deberían cobrarte exceso de equipaje emocional) no te está dejando ver que cuando sueltas todo se vuelve más fácil.

Aceptar que algo no sucedió como deseabas te va a doler, pero te va a doler más aferrarte al capricho de no entender que las cosas no siempre van a salir como quieres. Los amigos que pensabas que eran tus amigos, los amores que no funcionaron, los planes que se echaron a perder, déjalos atrás. Ya no son parte de quien eres hoy.

Si te rompieron el corazón y nunca te pidieron perdón, ni modo. Si le rompiste a alguien el corazón y no supiste cómo repararlo, ni modo. Si no lograste lo que querías, ya llegará algo más. Si perdiste por intentar, mínimo lo intentaste.

La vida es así: a veces nos toca ganar y a veces nos toca perder. Si no aprendes a aceptar lo que ya fue y lo que ya no es, jamás vas a permitir, aceptar y apreciar las cosas nuevas que lleguen a tu vida. Tienes que cerrar algunas puertas para que se abran otras, si no, se te va a ir el tiempo como si el tiempo fuera algo que se puede recuperar.

Todos los días tienes una oportunidad para hacer que las cosas vuelvan a valer la pena. Si no lo haces hoy, puedes hacerlo mañana, pero no te quedes en el ayer. No te quedes con la espinita del "hubiera", no te atormentes por la forma en la que cayeron todas las piezas del rompecabezas de tu vida.

El pasado es un lugar mágico del que puedes aprender mucho. Aprende de todas las piedras con las que tropezaste y de todos los errores que cometiste. Rescata únicamente lo que te hará mejor persona para que puedas seguir con tu vida sin resentimientos. No intentes ver lo que no es, ni intentes maquillarlo todo para que deje de doler.

VIDA SANA, VIDA "FIT"

No te preocupes, yo tampoco puedo
creer que estoy escribiendo esto,
pero aquí van unos consejitos:

- Toma mucha agua y de vez
  en cuando trata de comer
  lechuga y otras verduras.

- Las frutas también son buenas,
  pero no pienses que comerte
  cien mangos es sano porque cien
  mangos ha de ser el equivalente
  a tomarte una jarra de azúcar.

- Sube las escaleras caminando en
  vez de tomar el elevador. Es más, si
  puedes llegar caminando a donde
  sea que tengas que ir, hazlo.

- Saca a pasear al perro y dale
  dos o tres vueltas a la glorieta,
  aunque el perro tenga flojera.

- No hagas dietas extremas que sólo te
  van a durar una semana. Mejor come de
  todo, pero mídete. Y cuando digo
  "mídete", me refiero a que si se te
  antoja un pastel, en vez de comerte

todo el pastel cómete sólo un pedazo. Si quieres pizza, come un pedazo, no una pizza tamaño familiar para ti solito. Prueba de todo, pero no te atasques.

Acerca del ejercicio: empieza con algo que puedas hacer todos los días. Aunque sólo hagas una sola cosa, que sea todos los días. Es mil veces mejor ponerte una meta pequeña que sabes que puedes cumplir y ser constante, que ponerte una meta irreal de ir seis horas al gimnasio todos los días y terminar yendo dos veces.

Listo. Suerte con eso.

AMIGOS Y AMIGOS CÓMPLICES

Muchas personas complican demasiado el verdadero significado de una buena amistad y, en mi opinión, las mejores amistades deben tener dos cosas: honestidad y lealtad. Que falten muchas otras cosas como sea, pero esas dos JAMÁS.

Es absolutamente necesario tener mínimo a un amigo que te canta todas tus verdades, aunque te duelan, no por querer lastimarte sino porque nadie más te las va a decir. Este amigo es invaluable.

El otro lado de esa moneda es quien te dice que te ves bien cuando no es cierto, y te echa porras aunque estés a punto de cometer la estupidez más grande de tu vida, en vez de hacerte entrar en razón. Alguien que dice estar feliz por ti y te demuestra celos o envidia cuando te va bien, no es tu amigo. Dejemos de normalizar que sólo porque una persona sonríe mientras te entierra un cuchillo por la espalda es una persona que vale la pena tener cerca de ti. Desde mi punto de vista, ésa NO es una verdadera amistad.

Los verdaderos amigos no siempre tienen que estar presentes, pero están cuando de verdad importa. Son los que conocen tu lado más oscuro y aun así te siguen queriendo y respetando. Saben lo que estás pensando o sintiendo sin tener que abrir la boca, y se quedan a tu lado sin importar que a veces el que se comporta como un pésimo amigo seas tú.

Un buen amigo no es necesariamente la persona con la que hablas todos los días, pero cuando hablan son los mismos de siempre y no cambia nada, no importa cuántos años pasen.

También existen los amigos cómplices. Son, en otras palabras, amigos para el desmadre y no necesariamente tienen que ser las mejores personas sobre la tierra. Son increíbles y necesarios, pero seguramente no les vas a llamar cuando en serio necesites algo porque no son los más confiables y, por lo general, te van a quedar a deber. Si les exiges más, no importa cuánta fe les tengas, la van a cagar. No es pregunta.

Nunca subestimes la gran importancia de no confundir al "amigo cómplice" con el amigo incondicional porque por eso luego sales decepcionado. Los llamamos "amigos", pero en realidad son "amigos cómplices".

Hay amigos que te hacen crecer como persona y otros amigos cómplices que, si no dosificas el tiempo que pasas con ellos, te pueden sumergir en un mundo del que no se vuelve con mucha dignidad. Claro que existen etapas en los que hay que tener amigos cómplices; también es parte de crecer y aprender. Pero eventualmente terminarán siendo una enorme distracción.

Créelo o no, las personas con las que eventualmente decidas rodearte definirán en gran parte tu tranquilidad y paz mental, así como tu fracaso. Así que piensa muy bien a quién dejas entrar y a quién dejas quedarse en tu vida.

CÓMO TRIUNFAR MIENTRAS PARECE QUE NO HACES NADA

Hablar de tus planes e ir por la vida contándole a todos cada cosita que vas tramando para ganar respeto es una terrible táctica para querer demostrar que tienes un sueño, una meta por cumplir, mucha ambición o que simplemente "estás muy ocupado". En todo caso funciona mejor que todo mundo piense que te la vives acostado en un sillón todo el día viendo televisión y que de pronto sorprendas con un proyecto de vida o algún logro personal. El elemento sorpresa siempre será tu mejor aliado y el respeto se gana con resultados.

Tener planes es emocionante y a veces sentimos que debemos contarlos, pero eso tiene grandes consecuencias. La primera: te pones más presión encima porque no sólo tienes que llenar tus propias expectativas, sino también las de los demás por andar de bocón. La segunda: si le cuentas todos tus planes a las personas equivocadas, puede ser que esas personas te traten de meter una zancadilla para tropezarte y sólo tardarás más en hacer que tu sueño se convierta en una realidad.

Cuando haces las cosas por ti y para darte gusto a ti, antes que a los demás, tus planes siempre saldrán mejor. Si estás buscando aprobación externa, siempre estarás cambiando el rumbo, como si darle gusto a todos realmente fuera posible.

Siempre van a existir los críticos, pero recuerda que no todos los críticos saben de lo que hablan. De hecho, en la mayoría de los casos, las opiniones de tus críticos son tan solo una fuente constante de mierda que no te deja avanzar. Tu crítico más acertado siempre debes de ser tú mismo.

Deja que tus logros hablen por sí solos; si quieres lograr algo no lo cuentes. Cállate y hazlo. Si ese algo no termina siendo lo que pensabas, siempre puedes volver a intentarlo o incluso cambiar de rumbo e intentar algo diferente.

Lo que importa es que no te rindas jamás. Tienes muchos enemigos y críticos a los que les encantaría ver que te canses y que te des por vencido.

Piensa en eso.

CÓMO VIVIR SIN MOTIVACIÓN Y NO MORIR EN EL INTENTO

Me he preguntado miles de veces si la motivación es algo que puedes salir a buscar o si es algo que llega solito. Por fin he llegado a la conclusión de que es una combinación de las dos cosas.

A veces la motivación llega cuando menos te lo esperas y se esfuma de igual manera. Todos sabemos que es increíblemente difícil tratar de funcionar sin ella porque todo en esta vida requiere, aunque sea, de un poco de energía y cuando no hay motivación hasta quejarse se convierte en un reto.

Existe una cosa llamada *burnout*, que básicamente es el cansancio extremo por no saber cuándo parar. Esto provoca harta fatiga y falta de objetividad. Simplemente ataca de manera anímica y te hace querer abandonar todo o aventar la toalla. Cuando estás todo el tiempo trabajando y enfocando tu atención en una sola cosa, es muy posible que te suceda esto.

Muchas veces la falta de motivación es simplemente no darnos cuenta cuando en serio necesitamos descansar y aclarar nuestras ideas, o simplemente aprender a no mover un dedo para poder recargar pilas. Vivimos en tiempos en los que todo va tan rápido, que se nos olvida que tenemos que aprender a frenarnos en seco para ver lo que está ocurriendo a nuestro alrededor. Solemos olvidar la importancia de disfrutar la vida mientras la estamos viviendo, porque también tenemos la pésima costumbre de vivir de prisa.

Ya no se nos hace extraño tener que soportar la saturación, ni el ruido, ni el mareo interminable de información que tenemos que procesar a diario, lo cual provoca el vértigo de tanta actividad y tanto movimiento. Nunca paramos porque ya estamos programados para "funcionar", aunque estemos en automático.

Mi pregunta es: ¿a dónde vamos con tanta prisa? Llegué a la conclusión de que avanzar a un paso que nos permite vivir y trabajar siempre manteniendo un equilibrio entre esas dos cosas hará que no odiemos nuestra propia existencia y descansemos cuando el cuerpo y la mente lo piden. Éste es el único remedio para el malestar de sentir que nos ha abandonado la motivación.

La motivación, a final de cuentas, siempre es una fuerza autogenerada. La sensación de que es una fuerza externa la que te motiva es solamente una apariencia.

CUANDO PIERDAS LA MOTIVACIÓN:

- Frénate y descansa. Intenta controlar la prisa interna que no te va a llevar a ninguna parte si tu cabeza es una revolución.
- Cambia de rumbo. Cambia de ritmo.
- Salir al mundo como espectador y despabilarte un poco puede ser una buena fuente de inspiración, al igual que salirte de tu zona de confort y experimentar cosas que no has intentado antes, aunque a veces todo eso sea momentáneo y fugaz, y simplemente no sea suficiente.
- Intenta cambiar los pensamientos fatalistas. No te pongas más presión encima de la necesaria. Piensa en otra cosa.

❋ Deja que fluya el tiempo sin querer controlarlo. Enfoca tu energía en dejarte sentir.

❋ Aprende a controlar la ansiedad respirando profundamente. Ubicando que esa ansiedad que sientes que se desborda cuando dejas que todo caiga por su propio peso, también es parte de confiar en que nada es un final cuando estás a medias.

Está bien perder el rumbo; está bien descansar la máquina que está programada para echarse a andar y nunca parar aun cuando marca "Error". Es más, cierra este libro por ahora y tómate una siesta de un par de días y luego verás todo más claro.

En serio, créeme. No hay prisa.
Relájate un chingo.

EL HOYO NEGRO DE TUS PATRONES

No sigas haciendo lo mismo de siempre porque terminarás con el mismo resultado. Si te preguntas por qué siempre atraes el mismo tipo de personas o por qué siempre te ves enredado en los mismos líos, puede que el problema no sean esas personas y que esos líos sean el fruto de tu necedad de repetir los mismos errores.

Aquí va una lista de cosas que deberías de cambiar o dejar de hacer para dejar de vivir tanta desgracia autoprovocada.

- Deja de comparar a tu nueva pareja con tu ex. Tu nueva pareja no tiene la culpa de que tú tengas un serio problema por no poder distinguir las diferencias entre una persona y otra.

- Deja de buscar y de rogarle a la persona que te ha hecho tanto daño por tu falta de amor propio.

- Deja de ponerte de tapete con las personas que te usan y luego te abandonan cuando ya consiguieron lo que buscaban.

- Deja de aguantar malos tratos.

- Deja de aguantar malos tratos.

- Deja de aguantar malos tratos.
  (No es un error, cada uno de estos
  puntos es una regla separada.)

- Cambia tus malos hábitos, aunque te
  saque de quicio por tu misma mala
  costumbre de no saber aceptar
  que los cambios son buenos.

- Date cuenta cuándo es momento
  de salirte de una situación que
  te está haciendo daño.

- Aprende a perdonar.

- Aprende a perdonar.

- Aprende a perdonar.
  (Esto tampoco es un error.)

- Deja de culpar a los demás
  por tus problemas.

- Deja de justificarte cuando sabes
  que estás equivocado, sólo para
  tener una excusa para lastimar.

- Deja de querer tener la razón siempre.

- No trates a nadie como no te gustaría que te traten.

- Ponte en los zapatos de los demás.

- Entiende que cambiar de opinión no es el fin del mundo, se llama madurez.

- Entiende que cada cuento tiene dos versiones.

- Entiende que la verdad sigue siendo la verdad, aunque a ti no te parezca.

- Entiende que las mentiras no te llevarán a ningún lado.

- Deja de armar historias en tu cabeza de situaciones que no existen.

- Deja de asumir.

- Aprende a pedir disculpas.

- Admite cuando estás equivocado.

- Aprende a debatir sin sentir que debes tener la última palabra.

- Practica el diálogo en vez de atacar.

- Habla de soluciones cuando se presenta algún problema.

- Aprende a trabajar bien bajo presión.

- Aprende a trabajar en equipo.

- No seas envidioso.

- No seas rencoroso.

- No seas vengativo.

- Aprende a improvisar en situaciones difíciles o situaciones sobre las que no tienes el control.

- Y para concluir: NO LE REVISES EL CELULAR A TU PAREJA.

No LE REVISES EL CELULAR

Todos tenemos inseguridades; sin embargo, algunos alimentan esas inseguridades en vez de cortar el problema de raíz.

Si sientes que tienes que revisarle el celular a tu pareja algo está muy mal con tu relación. O mejor dicho, si sientes la necesidad de revisarle el celular a tu pareja, tú sabes perfectamente que estás buscando porque ya sabes que algo vas a encontrar.

Intenta hablar directamente con tu pareja y pregúntale si existe alguna infidelidad de su parte o algo que no sepas. También puedes preguntarte si esto no es algo que estés indagando y proyectando por tus propias infidelidades.

Sea como sea, te recuerdo que, si la respuesta es sí, tampoco es justo que se lo eches en cara. Todo el punto de pedirle a alguien que sea honesto contigo es que tengas suficiente cerebro y madurez para aceptar la respuesta, sea cual sea, y que ése sea un nuevo punto de partida.

Muchas parejas logran superar infidelidades y secretos y vidas dobles y miles de otros desvíos, pero eso sólo se logra a base de buena comunicación y del restablecimiento de la confianza mutua. Si no existen en tu relación y no sientes que esto es algo por lo que tu pareja y tú deban luchar, entonces ¿para qué sigues en esa relación?

Recuerda que las personas sí pueden cambiar cuando quieren. Esto aplica para absolutamente todos.

DEJA DE GASTAR EN PENDEJADAS

Este consejo lo estoy escribiendo para que también me sirva de recordatorio. Si padeces del mismo mal, te invito a que hagamos este ejercicio juntos. Repitamos estas sabias palabras frente a un espejo diez veces y vamos a rezar para que nos ilumine el Dios de los ahorros:

1. Deja de gastar en pendejadas.
   Lo quieres, pero no lo necesitas.

2. Deja de gastar en pendejadas.
   Lo quieres, pero no lo necesitas.

3. Deja de gastar en pendejadas.
   Lo quieres, pero no lo necesitas.

4. Deja de gastar en pendejadas.
   Lo quieres, pero no lo necesitas.

5. Deja de gastar en pendejadas.
   Lo quieres, pero no lo necesitas.

6. Deja de gastar en pendejadas.
   Lo quieres, pero no lo necesitas.

7. Deja de gastar en pendejadas.
   Lo quieres, pero no lo necesitas.

8. Deja de gastar en pendejadas.
   Lo quieres, pero no lo necesitas.

9. Deja de gastar en pendejadas.
   Lo quieres, pero no lo necesitas.

10. Deja de gastar en pendejadas.
   Lo quieres, pero no lo necesitas.

Listo. Ahora sólo hay que esperar
a que haga efecto esta afirmación.

CÓMO DECIRLE A ALGUIEN QUE YA NO QUIERES ESTAR CON ÉL o ELLA

Hay cosas que no se pueden decir sin que alguien salga lastimado y eso también es parte de la vida. De repente puede que ya no sientas lo mismo por alguien y si de plano no hay manera de salvar esa relación, llegó el momento de soltar. Pero ¿esto cómo se hace? Se hace con la verdad, aunque no tanta que uno no pueda recuperarse jamás de la paliza sentimental.

En este caso, la verdad debe ser usada únicamente para explicar tus propios sentimientos. ¿A qué me refiero con esto? Si ya no quieres estar con alguien estás en todo tu derecho, pero, si además de eso no te gusta cómo mastica cuando come, es absolutamente innecesario mencionarlo cuando llegue el momento de finalizar esa relación. Si quieres terminar una relación, enfócate más en lo que ya no quieres para tu vida o en lo que estás buscando, no en detalles superficiales como lo que tú consideras que son sus defectos o en lo que piensas que ha hecho para perderte. Sé firme con la verdad, pero no la uses para hacerle pedazos el corazón a alguien nomás por nomás.

Otro consejo: no seas indeciso. No cortes con una persona para luego arrepentirte y después le hables queriendo regresar a la semana. Ten las cosas claras: si cortas, te aguantas; de lo contrario, ten por seguro de que si vuelves, vas a volver a cortar.

Ir y venir NO está bien, no importa quién te diga lo contrario. Jugar con los sentimientos y el corazón de los demás trae muy mal karma, así que, por favor, NO lo hagas.

Si no estás listo para terminar esa relación o no estás del todo seguro, entonces sólo aléjate un poco y decídete (porque tampoco se trata de que la otra persona esté por siempre en la cuerda floja) para saber si va a sufrir o no.

Una vez que estés completamente decidido, sé claro y conciso. Ve al grano.

Sin dramas. Sin prometer nada. Sin mentir de "cuánto lo vas a extrañar". No des alas ni esperanzas. No llores frente a ellos por nada en el mundo. Retírate sin mirar atrás. Borra su contacto de todos lados. Espérate dos semanas antes de borrar fotos y toda la evidencia de que hubo una relación, y luego cada quien a su esquina.

Por último, no seas el típico ojete que sube fotos con alguien más a los dos días a todas las redes sociales. En serio, ten tantita madre. Eso no se hace. No hagas que algo bueno parezca terriblemente malo.

TODAS LAS FAMILIAS ESTÁN LOCAS

Todas las familias están locas, no te sientas tan especial. Cualquiera que te diga lo contrario está mintiendo. Todos tenemos un tío malacopa, una cuñada intensa, una tía borracha, dos o tres primas quedadas, un par de primos problemáticos y alguno que otro delincuente. Mi punto con esto es que todas las familias están locas. Cuando veas una familia que parece ser normal y perfecta seguramente es todo lo contrario, porque las familias perfectas no existen: o son psicópatas o están escondiendo un cadáver en el sótano.

No te equivoques, tu familia no es la única que se pelea por cosas como dinero, herencia, terrenos, negocios o quién fue el más borracho en la cena de Año Nuevo. Es completamente normal. Lo bueno de que ahora sabes esto es que la próxima vez que tus tíos se estén peleando en alguna comida familiar, ni siquiera te va a importar.

Todas las familias gritan. En todas las familias hay dramas. Todas las familias tienen su propio código secreto y leyes no escritas y acuerdos internos. Todas las familias son, en sí, un núcleo extrañísimo de personajes envueltos y revueltos y, en tantos casos, esos personajes tan distinguidos terminan siendo el elenco casi perfecto en la historia de tu vida.

Tener una familia loca tiene su encanto y esto no lo vas a entender hasta que hayas superado la etapa en la que te da pena todo lo que tenga que ver con ellos. Algún día los recuerdos de tu infancia no sólo harán que sueltes unas cuántas lágrimas, vas a extrañarlo todo. Extrañar quién eras tú con ellos, ellos contigo y quiénes eran juntos.

Las familias hacen que todo tenga sentido porque ése siempre es el comienzo de nuestra verdadera y hermosa locura. También son la razón de las miles de horas de terapia, pero ése no es el punto. Nuestras familias nos fueron formando y convirtiendo en los adultos que somos hoy y, gracias a eso, tenemos humor y filosofía de banqueta, historias inolvidables, remedios caseros para todo mal y sarcasmo para defendernos de todo.

Así que disfruta todo el tiempo que tengas con tus papás, abuelos, hermanos y familia. Recuerda que no todo es para siempre y que, si todavía los tienes cerca para abrazarlos, no te falta nada. No esperes hasta que sea demasiado tarde; pregunta cosas que no sepas por si un día te llueven dudas y resuélvelas antes de que te quiten el sueño.

Yo hoy daría la vida por abrazar a mis abuelos, en especial a mi abuela, a quien le daría las gracias de todo corazón por enseñarme, entre tantas cosas, que no siempre le tienes que caer bien a todos, pero te tienes que caer bien a ti.

No te esperes. Hazlo hoy.

CÓMO SOBREVIVIR A UN VIAJE DE PERDICIÓN A LAS VEGAS

Este libro tiene de todo. Porque según yo, cualquier "guía práctica" debe de tener un poco de todo. Entonces también quiero compartir tips de cómo sobrevivir a un viaje de descontrol y destrucción en Las Vegas. Si todavía no tienes una historia de perdición en Las Vegas, no te preocupes. Algún día la tendrás y estos tips te pueden ayudar a que cuando suceda, sea menos traumático.

- No vayas a Las Vegas con amigos que no son de tu absoluta confianza.

- No cometas la tontería de viajar con todos tus ahorros porque te los vas a gastar, los vas a perder o los vas a apostar, créeme.

- Deja tu cartera junto con tus tarjetas de crédito en la caja fuerte de la habitación del hotel, y pídele a un amigo de toda tu confianza que cambie la contraseña de esa caja fuerte hasta que tu viaje haya terminado y ya estén por volver a casa.

- Carga contigo ÚNICAMENTE el efectivo que estés dispuesto a perder.

- No pidas shots de colores o prendidos en fuego. Esas chingaderas te pueden dejar ciego en menos de media hora.

- No te trates de hacer el cool y le quieras invitar tragos a todo mundo porque terminarás teniendo que vender tu casa, tu coche y posiblemente un riñón.

- Por favor, no seas la persona que le va presumiendo a todos que "ya ganó" cuando no llevas ni media hora en el primer casino. Estás en Las Vegas y en Las Vegas lo único que se gana es una cruda moral y física espantosa.

- Diviértete, pero recuerda que no "todo lo que pasa en Las Vegas se queda en Las Vegas". Esto es una falacia, créemelo.

- Ah, y una última cosita, si te casas en Las Vegas para hacerte el héroe, genial... nada más te pido que recuerdes que ese matrimonio sí es real y sí es cien por ciento LEGAL.

EL FRUTIFANTÁSTICO

Hablemos de cómo el sexo tiene el poder de fortalecer o arruinar un montón de cosas, porque con él vienen otras cositas de mucho cuidado, como por ejemplo nuestra falta de autocontrol y la nula capacidad para tomar decisiones inteligentes bajo los efectos de la atracción y la calentura.

Estudios recientes realizados por mí concluyeron que el buen sexo puede llegar a ser más letal que muchas drogas porque uno se apendeja muy cabrón. También puede ser la causa de la absoluta destrucción de hogares, relaciones, matrimonios, y de hacer que tu amiga no se quiera dar cuenta o de que tú te conviertas en esa amiga que no se quiere dar cuenta, porque el sexo es cabrón.

¿Sabes qué es más cabrón? Encontrar a alguien que sólo te hace pensar en sexo. ¿De dónde sale tanta toxicidad?

Por si fuera poco, el sexo se complica aún más cuando lo combinas con alcohol, música, comidas afrodisíacas, sitios calurosos, ropa interior y el hecho de que el sexo está EN TODOS LADOS.

Si no lo tienes, lo quieres; si lo tienes, quieres más, y en lo que descansas de tenerlo, todo te recuerda que más tarde necesitarás más. Cabe recalcar que todo esto no es una queja, sino una realidad.

Dicho lo anterior, recomiendo que no dejes que el sexo en tu relación se enfríe o se convierta en algo aburrido y monótono porque, aunque lleven muchos años juntos tu pareja y tú, y no tenga absolutamente nada que ver con que se amen o no, sin esa parte importante de la ecuación, en cero segundos te van a poner el cuerno o te van a cambiar por una fiera. Así que cómprate unas velas aromáticas, unos juguetes (si es que te gustan esas cosas), crema batida, látigos, fresas cubiertas con chocolate, pon música o lo que sea que pienses que pueda volver a encender la flama de la pasión. ¡Y a darle!

Y para ti que estás leyendo esto y no tienes con quien tener sexo, no sé qué se dice en estos casos, pero... Lo siento mucho. Ánimo. Estoy contigo.

LA SUEGRA

El tema de las suegras podría abarcar un gran espacio en las páginas de este libro, pero lo voy a simplificar y resumir porque soy experta en hacer todo lo que esté en mi poder para no complicarme la vida; por ende, intentaré no complicar la tuya.

Estoy segura de que existen suegras que son "buenas y lindas personas" y esto sólo lo sé porque he conocido a dos o tres en mi vida, y una de ellas es mi mamá. Sí, es por presumir, porque si alguien pudiera tener una carta de recomendación como suegra estoy segura de que la suya sería estelar y también de que todos mis ex la extrañan mucho más a ella que a mí.

Voy a ser muy honesta, ahora que tengo un hijo comprendo que convertirte en una suegra maldita no es algo tan descabellado. Sinceramente, a veces me da mucho miedo el hecho de que cuando menos te lo esperes, puede que llegue fulanito o fulanita de tal y te robe a tu hijo o tu hija y tú pases de ser lo más importante en su vida a segundo plano de la noche a la

mañana. Es obvio que por eso tantas suegras se la viven a la defensiva o tratando de meterte el pie con cada paso que das, porque amamos a nuestros hijos y no estamos mentalmente preparadas para dejar que les crezcan las alas y dejarlos volar solitos.

También está el problema de las mamás sobreprotectoras que fueron entrenando a sus hijos a no saber hacer nada sin ellas, y pienso que eso también es plan con maña. Pero ése es otro tema.

La realidad es que a las suegras hay que tratarlas con delicadeza, diplomacia y con precaución, pero también recomiendo ser de carácter firme y demostrar que tú también te puedes cansar si el trato llega a ser irrespetuoso. Te advierto que eso significa que también corres el riesgo de comenzar una batalla eterna que a la larga (a veces a corto plazo) afectará también la relación con tu pareja, así que lo mejor es tratar de llevar la fiesta en paz hasta que de plano te colme la paciencia. Espero que no tenga que llegar a eso.

CONSEJITOS PARA LIDIAR
CON UNA SUEGRA MALDITA

* No cambies para tratar de caerle bien. Las suegras pueden oler a kilómetros cuando estás siendo falso, aunque tú te creas muy buen actor. Sé tú, pero sé educado.

* No compitas por primeros lugares. Ella conoce un número infinito de cosas de tu pareja que tú jamás vas a conocer PORQUE ES SU MAMÁ. Tú conoces otras facetas que ella jamás conocerá porque es tu pareja. Competir por quién conoce más a quién es una estupidez.

* Si ya sabes que no le caes bien, por favor, no trates de venderle la idea de que eres la pareja perfecta.

* Deja que tu relación hable por sí misma y que ella solita note cambios positivos en la vida de su hijo o de su hija. Pronto caerá en cuenta de que tal vez no eres una persona tan mala y que genuinamente estás intentando mejorar la vida de tu pareja, al igual que la tuya.

※ No hagas cosas de las cuales te puedes arrepentir después, como emborracharte en su casa y demostrarle que no tienes control de tu vida. Las suegras se fijan en todo. Cada cosa que hagas al principio de tu relación tendrá ciertas repercusiones en un futuro. Tampoco le des más razones para caerle peor.

※ No seas hipócrita. Habla con la verdad, pero si te puedes ahorrar el querer cambiar su opinión sobre ciertos temas, hazlo.

Si haces todo lo anterior, tendrás mejores oportunidades para esquivar el gran dolor de huevos que es tener una suegra que invertirá el resto de sus días en tratar de hacerte la vida imposible.

Que la fuerza te acompañe.

LAS RELACIONES PERFECTAS NO EXISTEN

Muchos de nosotros crecimos viendo películas cursis. Las típicas "girly movies" que, aunque siempre nos van a gustar, nunca dejarán de ser una completa mentira de cómo son las cosas y la vida en realidad. Sinceramente, yo culpo a esas películas del diablo por todas nuestras falsas esperanzas de que existen las "relaciones perfectas". Desde *10 cosas que odio de ti* (*10 Things I Hate About You*) hasta *El descanso* (*The Holiday*), todo fue diseñado para que los próximos diez a quince años de relaciones fueran un total y absoluto fracaso y ni hablar de las películas de Disney en donde todo tiene un final feliz.

Todas desperdiciamos valiosos años de nuestras vidas buscando "sapos para besar" y "príncipes azules", como si besar sapos fuera algo sexy y como si realmente existieran los príncipes azules. En serio, ¿qué tan ingenuas pudimos haber sido?

Las relaciones perfectas no existen porque los seres humanos no somos perfectos.

Hay unas más bonitas que otras, sí. Menos tormentosas que otras, sí. Tal vez algunas son envidiables durante los primeros meses y hasta un poquito después de la luna de miel. En los últimos años ha brotado una epidemia de relaciones que están hechas para que pensemos que todo lo que acabas de leer es una mentira. Las que vemos en redes sociales, por ejemplo, al igual que en las películas cursis que llevamos viendo toda la vida, también son una mentira. Ésas de "miren cómo nos vemos recién levantados, con nuestro desayuno delicioso en la cama, en un hotel 5 estrellas en los Alpes suizos". Ay, por favor, paren de mamar. Pero ya, en serio, es momento de despertar de esta fantasía interminable.

Ponte cómodo para leer un dato curioso: si yo pudiera contarte con detalle cuántas veces he visto fotos de esas parejas en redes sociales, mientras también cuento con información secreta de cómo es esa relación en realidad, cambiaría tu percepción de ésa y muchas otras relaciones por siempre. Acuérdate de que en mi tiempo libre atiendo una oficina de servicio al cliente, en donde todo mundo me cuenta sus secretos de manera anónima, así que créeme cuando te digo que todo lo que crees que estás viendo, no es lo que parece.

Esas relaciones "perfectas" de aviones privados, hoteles pagados con publicaciones de Instagram, regalos con diamantes, los coches de lujo, las bodas extravagantes, etcétera, existen de manera prefabricada en tu imaginación. Lo que no ves son los cuernos que se ponen, y cuántos de esos personajes posan y sonríen para la foto para después seguir hablando con sus abogados de quién se queda con qué en el proceso de sus divorcios y separaciones. Hace quince años todos idolatrábamos las relaciones de Hollywood como ahora muchos idolatran las relaciones que ven en redes sociales, pero te recuerdo que la mayoría de las relaciones hollywoodenses que idolatrábamos antes, terminaron hace siglos y duraron veintitrés segundos.

Algunas relaciones que vemos hoy en día son un perfecto negocio para impulsar la imagen del turismo, hotelería, gastronomía, moda, etcétera. Veamos, ¿qué mejor manera de promocionar un restaurante nuevo o un hotel de lujo en París que tener presente a una pareja hermosa y feliz posando como si no existieran los problemas?

Hoy en día lo que vende más es la fantasía de lo inalcanzable y lo venden como si pudieras comprarlo en cualquier esquina. Por si fuera poco, te tachan de loco si decides no consumirlo ni creerlo, porque la mercadotecnia de la realidad no es tan atractiva.

No digo que no existan parejas felices con vidas casi perfectas, por supuesto que sí; pero de eso a que jamás tengan desacuerdos o que nunca se peleen, que no se griten o, lo que es peor, que no se odien en verdad, o cosas más turbias que todos preferimos no saber, ya es otra cosa.

La realidad es que una relación no debería de ser perfecta porque la perfección es aburrida.

Nada es lo que parece, pero no le prestamos tanta atención a los defectos porque los defectos no son glamorosos. En fin, sólo para que sepas: las relaciones perfectas no existen y eso no es algo malo. Es una realidad. Confía en mí.

DISCULPE, SU HIJO
ESTÁ PATEANDO MI ASIENTO

Cuando tengas hijos, si es que algún día tienes hijos, si es que quieres tener hijos, por fin vas a entender a tus padres. Tu vida cambiará de un día para otro y dejarás de pensar únicamente en ti. La ventaja es que también tendrás una excusa perfecta para madurar, aunque no quieras porque no te va a quedar de otra. Un día eres el que tiene puestos unos audífonos gigantes escuchando música a todo volumen mientras viajas en un avión y le dices a un desconocido: "Disculpe, su hijo está pateando mi asiento", y al siguiente, serás tú diciéndole a alguien: "Una disculpa, viene un poco inquieto".

Cuando tengas hijos, vas a...

- Dormir menos aunque te mueras de sueño y darte cuenta de que debiste hacerle caso a tu madre cuando te decía que tal vez sería buena idea tomarte una siesta.

- Apreciar el silencio como nunca antes y aprender a caminar de puntitas, como ninja, para no despertarlos.

- Entender que amar incondicionalmente es un superpoder.

- Sentir que el tiempo pasa volando cuando no lo estás midiendo.

- Sorprenderte porque, aunque ingenuamente pensabas que sí, no tienes todas las respuestas.

- Dejar de pretender que sabes de lo que estás hablando cuando en realidad no tienes idea y a tener el valor de decir: "No lo sé, pero tengo una idea: podemos averiguarlo juntos", y esa frase se convertirá en parte de tu vocabulario.

- Comer a destiempo, aunque te mueras de hambre.

- Desbloquear nuevos miedos, nuevas inseguridades y nuevas fobias.

- Reafirmar que enseñarle a alguien a decir "gracias" y a pedir perdón se dice fácilmente, pero tiene su chiste.

- Darte cuenta de que la paciencia es una virtud.

- Aceptar que tienes responsabilidades y obligaciones que jamás imaginaste.

- Estar en paz con el hecho de que tus prioridades ya no son las mismas que eran antes.

- Perdonarte cuando te des cuenta de que no eres perfecto.

- Darte cuenta de que estás haciendo lo mejor que puedes aunque te equivoques y entender que equivocarse es parte de estar vivo y es parte de vivir.

- Llegar a decir no aunque te mueras de ganas de decir sí y decir tranquilamente: "No te preocupes", aunque sí te preocupe.

- Volverte experto en pretender que tienes todo bajo control.

- Aprender que lo peor que te puede suceder en la vida no es pisar un LEGO mientras estás descalzo, aunque parezca que absolutamente sí es lo peor que te puede suceder.

❦ Aprender que quejarte
no sirve de nada.

❦ Enseñarle a alguien más el verdadero
significado de no darse por vencido, de
volver a intentarlo; que caer y tropezar
a veces es inevitable, pero aprender a
levantarse es lo que cuenta; y aprender
tú mismo esas lecciones sobre el camino,
aunque te rompas y te reconstruyas
en silencio una y mil veces mientras
sonríes al decir: "Todo va a estar bien".

Todo eso y muchísimo más va a
suceder, si algún día tienes hijos.

UN GRUPO DE APOYO PARA LOS QUE TENEMOS UNA RELACIÓN TÓXICA CON ALGÚN DEPORTE

Eso necesitamos.

CRECER DUELE

Realmente nunca dejamos de crecer. Hasta el último suspiro, el reloj seguirá marcando los segundos, los minutos, las horas y eso también contará como crecimiento, aunque de viejos nos encogeremos en vez de estirarnos. Eso es un hecho.

Crecer duele porque la vida nunca deja de sorprender. Cada etapa por la que vamos pasando deja huellas, cicatrices, aprendizajes, anécdotas y eso termina siendo la trayectoria de nuestras vidas.

Crecer duele porque de niños lo único que queremos es ser grandes y de grandes extrañamos ser niños. Nos consume el tiempo y vamos dejando atrás miles de vidas envueltas en una misma.

Crecer duele porque los demonios internos nunca desaparecen por completo. Algunos aprendemos a dejar ir ciertas cosas y otras miles más viven asomándose con cada suspiro.

Crecer duele porque en el mismo momento en el que te atreves a celebrar un triunfo de cualquier tipo, está otro reto más difícil en puerta. Duele porque cuando apenas logras vencer un miedo nacen otros, y porque no dejan de doler ciertas cosas sólo porque ya superamos otras.

Crecer duele porque, aunque te digan que el hubiera no existe, en un mundo alterno hemos vuelto a recrear miles de situaciones hipotéticas en nuestras cabezas, sin contárselo a nadie.

Crecer duele porque todos vivimos con el miedo de no saber si estamos tomando las decisiones correctas o si el camino que escogimos ha sido el mejor para nuestro futuro, que al final siempre será incierto.

Crecer duele porque a veces nos emocionamos cuando las cosas salen como queríamos, porque la mente nos hace pensar que no lo merecemos.

Crecer duele a veces porque la vida, sin dar explicaciones, nos quita cosas que pensábamos que queríamos y que eran para siempre, y nos deja sólo las que necesitamos, aunque no las hayamos pedido. Duele que haya amores de la vida que sólo fueron amores no correspondidos. Duele pensar que existen amigos que no eran amigos de verdad.

Crecer duele porque hasta el error más pequeño puede costarte un destino que ya tenías habitado y contemplado, y puede reservarte un lugar en otro infierno al que eventualmente tendrás que adaptarte.

Crecer duele porque la vida adulta resultó ser una montaña rusa.

En resumidas cuentas, la chinga nunca termina; pero entender que todos estamos trepados en el mismo vagón, fingiendo que sabemos lo que estamos haciendo y que tenemos todo bajo control, hace que todos nos sintamos menos solos ¿A poco no?

EL PUEBLO MÁGICO
DE LA FRIENDZONE

Me imagino que ya todos lo saben, pero para los que no, la friendzone es una cárcel en la que quedas preso por amar a alguien que no te ama, por confundir el sexo con el amor, por malinterpretar una amistad o por no saber irte a tiempo. También es cuando quieres estar con alguien y a ese alguien sólo le interesa tu "amistad" sin ningún otro compromiso o enganche sentimental, o sólo juega contigo y con tus sentimientos cuando está aburrido, soltero o cuando se siente solo. Puede que hayan tenido varios encuentros sexuales, pero después se arrepintió o simplemente no quiere nada y tú sí, y no quieres soltar; aunque a veces no te suelta porque de cierta forma le inspiras confianza y eres un lugar "seguro". Pero que lo seas para alguien o inspires confianza no significa que seas lo que la otra persona está buscando para algo más formal. Es por eso que es una situación que puede llegar a ser terriblemente frustrante y enfermiza.

Pero para describir el infierno que es vivir en la friendzone hay que dibujarlo como realmente es, en especial, para alarmar a los que puede que estén cerca de entrar o no estén seguros si ya están ahí.

La friendzone es un lugar misterioso en donde el uniforme oficial es un traje de payaso. La música de fondo es música de elevador, pero con violines desafinados. La contraseña para el wifi es un trabalenguas y la mayoría de los sitios en los que navegarías están bloqueados. Hace un calor espantoso y no hay aire acondicionado. Todos mastican con la boca abierta. Sólo hay un canal en la tele y está en un idioma que no entiendes. Tus vecinos de cuarto no dejan dormir porque en las noches lloran mientras lamentan cada instante de su miserable existencia. Las comidas son sándwiches de pescado remojado en vinagre, con mucha cebolla y mucha pimienta. El bar tiene alcohol adulterado, leche en polvo y Pepsi al tiempo. Es un lugar donde sólo puedes tener cucarachas, alacranes, víboras y tarántulas de mascotas. Donde siempre escuchas el camión de los helados, pero nunca lo ves pasar.

No hay cines. No hay parques. No hay playa. Los pasatiempos más comunes son juegos de ajedrez, dardos y juegos de cartas como Solitario. La decoración es muy "retro": paredes color verde menta, luces blancas de oficina que jamás se apagan y además parpadean, "arte abstracto" de motel. No existe el desodorante. No hay ni cepillos ni pasta dental.

Todo es risas y diversión hasta que te das cuenta de que no hay salida por ningún lado. Te tienen controlado en caso de que tengas planeado escapar. Todas las rejas son eléctricas para que te quedes imbécil si las tratas de saltar. No sabes cómo es que sigues existiendo sin un gramo de dignidad.

* En la friendzone hasta Dios te deja en visto cuando le pides una señal divina.
* La friendzone es el pueblo mágico de la decepción y la tristeza. Es el pueblo mágico de la pena ajena. Es el infierno sobre la tierra.
* En la friendzone si eres zurdo tienes que aprender a escribir con la derecha y viceversa. Los pantalones nunca te cierran y te salen granos por exceso de estrés.

La friendzone es un estado perpetuo de agonía y confusión, donde un día parece que sí y al siguiente no sólo parece que no, sino que tú eres un completo lunático y la persona que te metió a la friendzone no sabe cómo deshacerse de ti. Haces todo para que esa persona vea que puedes ser "la persona ideal" para él o ella porque parece que la pasa bien contigo, pero después se asegura de hacerte entender que lo que estás sintiendo no existe. Te cambia el tema. Se burla cuando te pones en modo serio hablando de cursilerías y le da tantita pena ajena ver cómo te estás hundiendo cada vez más y más.

Si alguien te condena a la friendzone es muy probable que pases mucho tiempo ahí. Por ego, por capricho y por necio. Cuando tienes la vista empañada, se esfuma la objetividad y todo da más lástima.

Después llega la etapa de la negación y te deja de importar lo que piensan de ti porque, según tú, "nadie se da cuenta". Pero tengo más malas noticias: estar en la friendzone es como tatuarte un pene gigante en la frente, TODOS se dan cuenta.

No hay absolutamente nada de qué sentirse orgulloso cuando estás en la friendzone. Por favor, no vayas a presumirle a nadie este logro que no es logro.

Estás ahí porque le caes bien, porque tal vez sabe que eres buena persona, pero cuando te ve, no se derrite de amor ni de atracción ni de nada. Estás ahí porque eres simpático.

Tal vez quiere algo y no sabes qué es ese algo, o te está usando para algo más y tampoco te das cuenta. Tal vez eres el tipo de persona que invita cenas caras, viajes lujosos y compras regalos que hacen que muchas personas, en vez de quererte por lo que eres, estén cerca de ti por todo lo que les das o lo que les haces sentir acerca de ellos mismos. No intentes comprar a alguien que te está acorralando a vivir en la friendzone, porque te llevarás la gran y triste sorpresa de que lamentablemente muchas personas sí tienen un precio.

Para sobrevivir este infierno tienes que darle la vuelta a la página, enfocarte en otras cosas y seguir con tu vida.

La friendzone tiene mucho que ver con la falta de autoestima y de amor propio. Ellos no tienen la culpa de que tú no seas lo que ellos quieren, pero tú no eres responsable de que se acostumbren a tratarte como su mascota oficial.

Espero que con toda esta descripción de lo que es vivir en ese lugar tan espantoso entiendas que la friendzone no es un destino que quieras visitar, y puede que todavía estés a tiempo de salir corriendo. Si nunca has estado en la friendzone, seguramente es porque tienes una suerte inimaginable y eres la persona más afortunada sobre la tierra porque es un hechizo bastante común.

Por tu propio bien, vuelve a leer todo esto y abre los ojos. Es el verdadero infierno sobre la tierra.

ES CASADO, PERO LA VA A DEJAR...

Ser "la otra mujer" viene con una serie de reglas que probablemente no vas a entender hasta que sea demasiado tarde. Estoy segura de que existen hombres que sí dejan a sus esposas por otra mujer, como tú, pero lo que no entiendes es cuál es tu verdadero lugar en la vida de ese hombre: ¿cómo cabes y cómo sobresales?

Por lo general, un hombre casado te dirá una serie de cosas y tú le vas a creer. Toditas. "Ya no la amo, pero no quiero hacerles daño a nuestros hijos", "Claro que la voy a dejar, pero necesito más tiempo", "Ella no me hace sentir lo mismo que tú"... Lo que va suceder es que tú, en vez de darte cuenta que todo lo que dice lo dice para no perderte, te vas a sentir única y diferente.

Lo que yo no entiendo y seguramente también sorprende al hombre casado, es cómo esas palabras tienen el poder de hacer a alguien sentirse única y especial. No encuentro una manera fácil y sutil de explicarte que las esposas de estos hombres son su seguridad y tú, si bien te va, eres el comodín.

Cuando apenas comienza la relación con un hombre casado, al principio puede que no se asome la loca que todas llevamos dentro, pero sólo es cuestión de tiempo antes de que empieces a perder la cabeza poco a poquito.

Claro, puede ser que te ame más a ti que a su esposa, pero eso no quiere decir que realmente tenga pensado dejarla por ti. Puede que sea cierto, puede que sí deje a su esposa por ti, pero te advierto que esto puede tardar años. ¿Cuántos años estás dispuesta a esperar para que esto suceda?

Si crees que separarse de ella es algo tan fácil como cambiarte de zapatos, estás siendo terriblemente egoísta y superficial, y si crees que eso no implica otras mil cosas, entonces te digo esto como si estuviéramos sentadas en un café y fuéramos mejores amigas: ¡estás loca!

Dejar a su esposa implica que todos descubran que es una persona infiel, aunque poco tiempo atrás se haya parado en un altar con una lágrima en la mejilla prometiéndole un futuro a la misma mujer a la que traicionó sin pensarlo dos veces.

Significa que tiene que darle explicaciones a todo mundo y decirle a sus amigos, colegas y conocidos que "simplemente no funcionó la relación", pero todos sabrán la verdad: no funcionó porque no supo contenerse, porque cayó en la tentación, porque no supo decir no. Además, si tiene hijos, esto les causará daños permanentes y traumas profundos, que eventualmente se convertirán en resentimientos irreparables.

Mientras tú te sientas en el sillón de tu casa esperando que te llame o te mande mensaje o te pase las nuevas coordenadas del próximo lugar de encuentro casual, generalmente algún bar agachado o un hotel en las afueras de la ciudad para que nadie los pille, está viendo cómo decirle a la esposa que hoy llegará tarde a cenar porque todavía "tiene pendientes", o peor que eso, está cenando con ella y dejándote a ti colgada porque no puede sacar el celular para avisarte que hoy no se podrán ver.

Está clarísimo que el rush de adrenalina que provocan este tipo de relaciones son, en gran parte, la droga que alimenta la autodestrucción que a su vez los une. Que el peligro y los secretos son un estimulante. Está claro que la relación de este hombre con su esposa está estancada y que tú eres una divina distracción. Está claro que el sexo ha de ser salvaje y maravilloso.

Puede que pasen meses o hasta años. Luego comenzarán los reclamos. Tú le harás preguntas estúpidas como: "¿Por qué no me das la mano cuando estamos con mis amigos?" o "¿Por qué no puedes venir a verme si ya pasaste todo el día con ella?". Y luego vendrán cosas peores como ver las fotos de sus viajes en familia. Él y ella sonriendo siendo "felices" en una playa. Todo esto en mil combinaciones te va a doler y te va a enfurecer tanto que comenzarás a hacer tonterías crueles como mandar mensajes a deshoras o llamarle para que comience a sospechar su esposa que algo está raro.

Antes de llegar al punto de quiebre, tú y él eran cómplices y obedecías porque te convenía, pero ya te estás cansando. Entonces, puede que a él le comience a dar terror el simple hecho de que existas y de que por fin se desató la loca que todas llevamos por dentro.

Puede que este hombre te conteste el teléfono cuando su esposa esté distraída con algo más y te pregunte: "¿Por qué me estás hablando ahorita?", y tú le dirás: "¡Ya no me importa si ella se entera de nosotros!". Y justo en ese momento le estás regalando a él la posibilidad de escoger una de dos opciones: decirte que ya no puede seguir contigo, o desaparecerse de tu vida por siempre. Porque el peligro inminente se siente cada vez más y más cerca, es un riesgo con el que no cree poder lidiar. Gota a gota, a final de cuentas, se derrama el vaso.

En ese momento por fin entenderás que nunca podrás recuperar ni un solo segundo de todo el tiempo que desperdiciaste pensando que la iba a dejar por ti. Ahora dime, ¿realmente crees que valga la pena?

NO ROGARÁS

Rogar es simple y sencillamente la evidencia de la inexistencia del amor propio. Es la patada de ahogado más escandalosa que pueda existir.

Rogar es peor que estar solo.

Por favor, no lo hagas y,
si puedes, corre la voz.

EL POZO SIN FONDO

Si tienes suerte vivirás una vida en la que no hayas perdido la dignidad más de una o dos veces, porque perder la dignidad viene con un precio tan alto que si no te da una resaca moral devastadora después de perderla, no tienes remedio. Pueden suceder muchas tragedias en el transcurso de tu vida, pero, sin lugar a duda, perder la dignidad es de las más desgarradoras. Es de las lecciones más agresivas que te puede enseñar la vida.

No se puede medir con precisión el vacío que se siente cuando sabes que antes de perder la dignidad eras otra persona. Todo es un antes y un después. El odio que te puedes llegar a tener por haber caído tan bajo no tiene nombre. No se puede describir el tipo de agonía que es pensar en tu vida antes de ese momento. Extrañarás la sensación de sonreír sin morir de ataques de pánico y de ansiedad.

Será algo con lo que aprenderás a vivir, pero no será algo fácil y así seguirá siendo hasta que te resignes. Tendrás flashbacks del momento preciso en el que ocurrió y pasarás muchas noches de insomnio tratando de silenciar tu conciencia. Se convierte en una tortura el tratar de calmar la tormenta interna.

Si eres una persona consciente, perder la dignidad es la tortura más lenta y cruel de todas. Pero existe algo peor que perder la dignidad: perder la dignidad y que haya habido testigos. Que exista evidencia no sólo dentro de ti, sino también en otros. Que cuando te topes de frente con alguno de ellos te sonrían perversamente porque saben que estás sufriendo, y lo saben porque lo más probable es que ellos sean veteranos de dignidad perdida. Que te lo recuerden como si fuera algo que pudieras olvidar. Que se conviertan en enemigos secretos por el simple hecho de haber estado presentes cuando perdiste por completo la cordura. Que el jurado parezca tan diabólico que confundas tu vida con una pesadilla de la que no logras despertar.

No viene al caso decirte que para evitar que te suceda esto tienes que "pensar antes de hacer las cosas". Eso es tan obvio como decir que el agua moja y que, si hoy llueve, mañana volverá a salir el sol. Pero sí te puedo decir que, si aún no has perdido la dignidad, tal vez te ayude saber que le vas ganando a la vida y espero que dure para siempre. También creo que, aunque la pierdas, algún día, volverás a sonreír.

Mi único consejo respecto a perder la dignidad es que, aunque parezca poca cosa, no es lo mismo que perder las llaves de tu casa. Cuídala, antes de que tengas que rescatarte de una masacre mental, de la que no se vuelve sin cicatrices.

LISTA DE COSAS QUE NECESITARÁS PARA SOBREVIVIR A UN APOCALIPSIS ZOMBIE

- 8 bats de beisbol.

- 3 motosierras.

- 2 pares de botas de combate con antiderrapante para todos los climas.

- 2 botiquines de primeros auxilios.

- 4 machetes.

- 4 palas.

- Cadenas. (De preferencia gruesas.)

- Soga.

- Un sótano con reserva de agua y comida enlatada que te dure aproximadamente dos años.

- 15 linternas. (Comprar pilas extra.)

- Alcohol etílico.

- Agua oxigenada.

- 1 teléfono satelital.

- 5 pares de pantalones negros.

- 5 playeras negras.

- 3 pares de lentes oscuros.

- Papel higiénico.

- Desinfectante de manos.

- Rasuradora.

- Semillas.

- Comida para mascotas.

- Libros.

- Un generador de luz.

- 25 encendedores.

- Leña.

- 3 tanques de oxígeno.

- 20 botellas de tequila.

- 15 botellas de whiskey.

- 12 botellas de mezcal.

- Un juego de cartas.

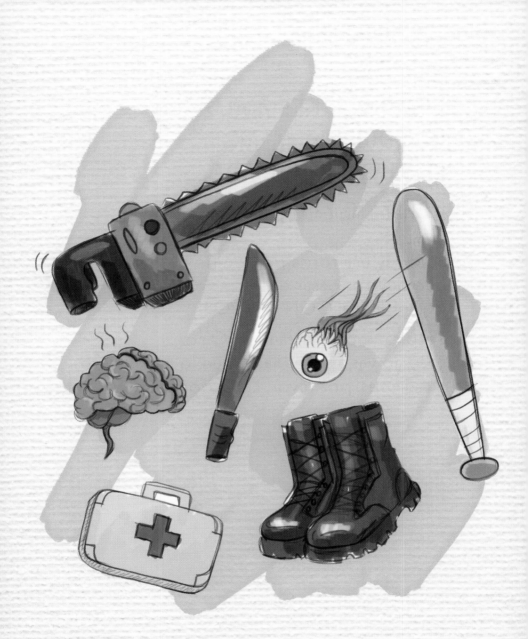

Recuerda que los únicos que vamos a sobrevivir a un apocalipsis zombie seremos los que estamos preparados para todo.

Nos vemos del otro lado.

CÓMO DECIRLE A ALGUIEN QUE QUIERES PASAR EL RESTO DE TU VIDA CON ÉL O ELLA

Sólo hay una forma de decirle a alguien que quieres pasar el resto de tu vida con él o ella: CON HUEVOS.

Respira. Todo saldrá bien. O no.
Pero no vas a saber hasta que lo hagas. Pero si lo haces, por favor, hazlo con huevos.

CÓMO CAMBIAR
EL RUMBO DE TU VIDA
DE LA NOCHE A LA MAÑANA

1. Empaca todo lo que te importa en la maleta más pequeña que encuentres. Recomiendo viajar ligero. (Sería mejor una mochila en vez de una maleta, en mi opinión.)

2. Cómprate un boleto de avión, barco, camión, tren o burro.

3. Tira tu celular a la basura.

4. Deja una carta despidiéndote únicamente de las personas que sabes que vas a extrañar y que te van a extrañar. Diles que necesitas cambiar de aires y que les hablarás pronto para que no comiencen una búsqueda desesperada por tu culpa.

5. Desaparece.

EL QUE SE ENOJA PIERDE

Éste es uno de los mejores y peores consejos que te voy a dar jamás; de los mejores porque siempre funciona y de los peores porque implica que tienes que ser un poco deshonesto, pero sólo un poco. (La verdad es que a mí no me gusta promover la deshonestidad, pero a veces en el póker de la vida hay que aprender a fingir.)

Cuando tienes enemigos que te tratan de joder la vida y tú demuestras que te molesta, tú pierdes.

Cuando tu exnovia o exnovio sube una foto con su actual pareja para darte rabia y tú le mandas un mensaje en ese segundo mentándole la madre, tú pierdes.

Cuando tu amiga (que ya no es tu amiga) habla pestes de ti detrás de tus espaldas y tú demuestras que te duele, tú pierdes.

¿Cómo se juega este juego? Cuenta hasta diez y JAMÁS en la vida, por nada en el mundo, le contestes de manera hostil a cualquier persona

que esté tratando de provocarte o
de comenzar un pleito contigo.

Si estás enojado con alguien y ese alguien
te habla por teléfono, tómate un rato
para calmarte antes de contestar. Cuando
contestes asegúrate de no decir ni un
solo comentario que haga que esa persona
pueda percibir tu enojo o tu decepción.

Si estás haciendo negocios con alguien
y sientes que te están tratando de
hacer una movida sucia, hazle saber
que te das cuenta, pero hasta ahí.

Si estás saliendo con alguien y te
está siendo infiel, lo mismo.

Todo el chiste es que entiendas que no
debes enseñarles qué te duele y dónde
te duele porque si haces eso, siempre van
a apuntar justo ahí. El chiste es que ellos
piensen que eres indestructible, aunque a
veces por dentro te den ganas de estallar
o de prenderle fuego a un edificio.

Ni modo, la grandeza también sufre.
Sonríe para confundirlos y recuerda
que el que se enoja siempre pierde.

QUIÉRETE TANTITO

Para empezar, la indiferencia fingida no es indiferencia y la indiferencia que mata es la que no pide disculpas, la que es tan verdadera que no tienes duda de que sea real porque se siente. Ésa es la que duele.

Cuando alguien es genuinamente indiferente no tienes que pensar si está siendo indiferente para causar una reacción en ti; lo está haciendo porque en verdad genuinamente le vales madre. No hay atención ni interés. Es así de fácil.

¿Qué más te puedo contar acerca de la indiferencia? La indiferencia es la peor forma de demostrarle a alguien que no te importa, y si te importa y tratas de fingir indiferencia, vas a terminar perdiendo a la persona a la que sí le importas. Si te vas a comportar de manera indiferente, mejor búscate a alguien a quien no le importes para que puedas vivir felizmente indiferente. Y si tienes algo de sentido común, no te vas a quedar en donde son indiferentes contigo porque ésa sí es una verdadera estupidez. ¿De acuerdo?

Quiérete tantito.

CUANDO DEJE DE DOLER TAMBIÉN DEJARÁ DE IMPORTAR

Cuando estás hundido en el dolor de un corazón roto, siempre le vas a pedir a la vida que algo suceda para que te deje de doler, que algo suceda para hacer desaparecer mágicamente lo que estás sintiendo. Te recuerdo que una vez que pase ese dolor, será como si la persona que te hizo pedazos nunca hubiera existido.

El dolor es un lugar seguro porque te impide soltarte. Cuando lo estás viviendo es más difícil avanzar y dejar atrás todo y muchas veces, aunque digas que sí, lo último que quieres es dejar atrás todo. Muchos prefieren el dolor para no tener que abandonar la ilusión de lo que pensaron que sería; algunos porque el dolor tiene una forma muy jodida de hacerte sentir vivo. Porque a veces no sabes qué es peor: sentir demasiado o no sentir nada.

> Lo malo de que algo deje de doler
> es que también deja de importar.

Lo repito siempre para recordarte que a veces debes tener cuidado con lo que deseas porque se puede convertir en una realidad. Cuidado con desear que la vida te vaya borrando el recuerdo de alguien de poquito a poquito, porque corres el riesgo de no acordarte que una vez te diste permiso de sentir.

QUÉ DECIRLE A TU EX CUANDO TE MARQUE LLORANDO A LAS TRES DE LA MAÑANA PARA VOLVER CONTIGO

1. No entiendo cómo tienes mi número si lo cambié cuando cortamos...

2. Sólo contesté para confirmar si seguías siendo el mismo patético de siempre.

3. ¿En la chingada tienen datos?

4. Caes peor a las tres de la mañana.

5. No me lo tomes a mal, pero prefiero tragar vidrio roto que volver contigo.

6. No nos funcionó las últimas siete veces... ¡Sale bye!

7. Sí, sí estaba dormida, pedazo de genio.

8. ¿Te extraño? ¡Mis huevos!

9. No te oigo nada, pero la música de fondo suena bien.

10. ¿Neta estás llorando?

EL ARTE DE RESOLVER

Nuestros enredos mentales nos están desgastando. Todo lo que hoy nos preocupa y nos quita el sueño, en un año no va a importar. En un año tendremos nuevos problemas y nuevos asuntos por los cuales preocuparnos, y mientras tengamos pulso y latido, siempre será así.

Por si no te has dado cuenta, después de llegar a la cima de una montaña metafórica tendremos que volver a llenarnos de oxígeno y de ganas, y prepararnos para escalar y llegar a la cima de la siguiente montaña metafórica, porque de eso se trata la vida: de vencer una montaña metafórica a la vez.

> La vida no termina sólo porque estamos cansados de vivirla.

Tengamos la fortaleza para reconocer que todos estamos igual de confundidos y perdidos respecto a ciertos detalles de nuestra existencia; que aunque jamás nos cansemos de analizar cada fragmento, siempre terminaremos con más preguntas que respuestas.

De pronto es inevitable no sentirse traicionado por las expectativas, como si las expectativas fueran sencillas, como si el destino que pensamos que merecemos nos va a obedecer. Tropezamos con la esperanza como si depender de ella nos fuera a salvar de la ruina emocional. Me da un poco de risa, y a la vez algo de tristeza, saber que confiamos ciegamente en la suerte como si nuestra propia decadencia no tuviera nada que ver con nuestras decisiones.

Qué ironía que vivimos haciéndonos la vida más difícil como si no fuera ya lo suficientemente compleja. Me intriga cómo es que el ser humano no tiene límites cuando se trata del autosabotaje mental. Nos gusta complicarnos la vida porque, aunque no sea algo que nos guste admitir, nos encanta el arte de resolver; porque aun sabiendo que en el intento podemos morir, somos expertos en sobrevivir.

DALE ALEGRÍA A TU CUERPO, AUNQUE NO TE LLAMES MACARENA

Me parece algo injusto que en la canción "La Macarena" sólo le estén echando porras a la Macarena para que le dé alegría a su cuerpo y que los compositores de dicha canción asuman que su cuerpo es para darle alegría. ¿Qué tal si la Macarena no quería darle alegría a su cuerpo? ¿Qué tal si estaba cansada o desvelada? No me puedo imaginar la presión con la que tenía que vivir la pobre Macarena, pero yo opino que dejemos que haga lo que ella quiera con su cuerpo.

En mi humilde opinión, siento que todos nos reservamos el derecho de darle alegría a nuestros cuerpos, aunque no nos llamemos Macarena. Todos merecemos que nos echen porras si decidimos que eso es lo que queremos darle a nuestros cuerpos.

Si le quieres dar alegría a tu cuerpo y no te llamas Macarena, quiero que sepas que tienes todo mi apoyo y si no, también.

CÓMO PLANEAR TU BODA

Desde el fondo de mi corazón y con todo el amor de mi ser te digo lo siguiente: nos importan un carajo los detalles de la planeación de tu boda porque la que se casa eres tú. Nada más avísanos cuándo y dónde será y nosotros vamos a rezar para que tu matrimonio, la borrachera y los tres días de cruda no sean en vano.

Felicidades, gracias y de nada.

BUENO PARA NADA

Es mejor ser un bueno para nada que no
ser nada. Así que, si tú eres un bueno para
nada y estás leyendo esto, te quiero
felicitar porque no ha de ser nada fácil
ser el mejor en ser bueno para nada.

CÓMO SER BUENA AMIGA DE LA AMIGA QUE NO SE DA CUENTA

Vas a tener que ser más paciente con tu amiga, esa que no se da cuenta. Ser la amiga de la amiga que no se da cuenta es una tortura y un trabajo difícil, pero alguien lo tiene que hacer. Esto en verdad lo digo con mucha certeza que viene de varios años de experiencia y dos o tres doctorados en el tema.

Está por demás decirte que no lo va a entender, pero, créeme, no lo va a entender. Porque la característica principal de la amiga que no se da cuenta es, por definición, que no entiende. Jamás. Por nada en el mundo. Y desespera y exaspera: le entran las palabras por un oído y le salen por el otro.

La amiga que no se da cuenta no se da cuenta porque, además de ser ambiciosa, también es hermosa pero ingenua. Se quiere menos de lo que parece y se ilusiona con cualquier cosa. Demuestra con hechos que sí se puede vivir alimentándose de migajas, aunque se quede con hambre. Es el claro ejemplo de que cuando uno no quiere ver lo que tiene en frente, sin importar de qué color o brillo fosforescente sea, siempre verá lo que quiere. Todas hemos sido la amiga que no se da cuenta, pero algunas logramos despertar y otras se quedan y viven de la poca esperanza. Entonces, vamos a tener que ser buenos amigos de las amigas que no se dan cuenta porque así nos tocó.

Será mejor que vayas agarrando fuerzas para poder seguir explicándole día con día, mes tras mes, año tras año, que eso de que se quede donde la tratan mal, donde no la toman en cuenta, donde la dejan en visto todos los días, donde no la aman o donde no la extrañan, tendrá efectos irreparables en un futuro.

Vas a tener que repetirle un millón de veces que se tiene que querer más. Un millón de veces le vas a tener que recordar que el nefasto de su novio o de su ex NO va a cambiar porque hasta ahora no ha cambiado. Habrá momentos en los que sentirás que la que anda con el maldito tóxico eres tú y no ella.

Le vamos a tener que sonreír al mismo tipo que la hizo pedazos tantas miles de veces porque "ya volvieron". Hasta le vamos a decir que sí, que "notamos un cambio" en ese tipo que nunca va a cambiar, sólo para hacerla feliz.

Vamos a tener que presentarle a alguien nuevo para ver si eso la distrae, pero no va a funcionar porque ella lo que quiere es lo que no puede tener.

Vamos a llevarla de compras para ver si gastar en ropa y zapatos le borra el mal de amores y funcionará, hasta que "El Cacas" le vuelva a enviar un mensaje o le llame para no dejar que se apague la velita.

Vamos a pasar noches larguísimas pasándole pañuelo tras pañuelo y limpiándole las lágrimas y los mocos de tanto llorar. Le vamos a decir que todo va a estar bien, aunque no estemos seguros, cuando en verdad parece que todo se pondrá peor.

Si tenemos suerte un día sucederá un milagro y te dirá que "ya se dio cuenta" y será porque ese que la tuvo hechizada tanto tiempo "ya no es su tipo" o que

"ya lo superó" y todo eso, para después
seguir sin darse cuenta con el que sigue.

Sea como sea, para ser buena amiga
de la amiga que no se da cuenta sólo
se requiere estar. En las malas y en las
peores, pero estar y rezar que todo
pase lo más rápido posible, aunque
sea la historia de nunca acabar.

SOLO PORQUE QUIERES

Tus amigos que no están solteros nunca van a entender que te guste la soltería y que eres feliz así. Ni les trates de explicar porque esos amigos seguramente crecieron con la presión social de tener que encontrar una pareja porque es lo que "sigue", y porque de lo contrario serían "los quedados" o de plano algo estaba muy mal con ellos.

La soltería tiene ventajas maravillosas, como levantarte a la hora que quieras e irte a dormir a la hora que mejor te plazca. Decorar tu casa o departamento como tú prefieras sin tener que debatir sobre detalles fastidiosos, como de qué color pintar las paredes o qué plantas se verían mejor en cuál esquina. Tu cuenta de Netflix es toda tuya y las recomendaciones que te aparecerán serán basadas en tus propios gustos. Si no lavas los platos después de desayunar, comer o cenar, sigue siendo problema tuyo y al que no le guste, que se joda. La ropa sucia se lava cuando tú decides o hasta que te quedes sin calzones limpios.

La soltería es hermosa y más cuando uno la disfruta y la desea porque puedes hacer lo que quieras, cuando quieras, sin tener que dar explicaciones. Si pasas una noche con alguien y otra noche con alguien más, nadie se tiene que enterar excepto algún vecino chismoso, y tampoco te va a molestar porque tú haces lo que se te pega la gana con quien tú quieras cuando tú quieras y listo y se acabó.

La soltería, cuando se tiene por gusto, es libertad divina y cuando tus amigos con pareja te hablen para quejarse de que no soportan que su pareja deje la tapa del inodoro abierta, que ya no soportan los ronquidos de sus medias naranjas o el sonido de su respiración, puedes decirles que tú no conoces esos sufrimientos porque duermes como bebé.

LAS MAMÁS SIEMPRE TIENEN LA RAZÓN

Mi madre siempre dice que no es cierto, que ella nunca tuvo todas las respuestas. Pero también debo decir que mi madre es la mujer más modesta que conozco y la que menos presume tener la clave de la felicidad.

Fue ella quien me enseñó que no era perfecta, mientras yo vivía intentando encontrarle defectos de cualquier tipo (cosa que no fue nada fácil) porque, aunque parezca una exageración, ha sabido llevar su vida de manera digna y plena, con sus respectivos dramas, que ni siquiera eran suyos, y con sus respectivas tormentas, las cuales supo navegar a la perfección.

Me dijo que con el sol te salen arrugas, pero que algún día llegaría a apreciar cada una de esas arrugas y que con la edad entendería que la belleza está también en las líneas de expresión. Tenía razón.

Ella, la que sigue diciéndome todos los días, cuando estoy a punto de tomar una pésima decisión por necia o por desesperación, "allá tú", y con eso tengo para pensármela dos veces. También me recomendó evitar perder el estilo y aprender a reírme de mí misma cuando no le hice caso.

Me enseñó que menos es más. Que la vida da vueltas. Que a veces se gana perdiendo. Que quejarme de las desgracias sólo me traería más desgracias. Que hay que saber escoger nuestras batallas.

Me educó para saber que irme a tiempo haría que otros me respetaran y que ése sería el comienzo de aprender a valorarme. Y que cuando no supe irme a tiempo, siempre encontraría consuelo en sus brazos.

Ella fue la que me enseñó (ahora que también soy madre) que es mejor decir que no tengo todas las respuestas, pero, sin lugar a dudas, me equivoco menos. Cuento con la gran fortuna de tener una madre que siempre tuvo la razón, aunque ella no lo admita jamás. Hasta el día de hoy no se equivocó ni una sola vez y dudo mucho que suceda en un futuro.

Le atinó a todo.

Mi madre no sólo me dio la vida, también me hizo querer vivirla.

EL ÚNICO REMEDIO QUE NECESITARÁS PARA SOBREVIVIR LA PEOR CRUDA DE TU VIDA

Si estás leyendo esto, respira, respira... No te vas a morir, aunque seguramente en el estado en el que te encuentras, la muerte sería menos dolorosa.

Este consejo ha sido el único que me ha salvado la vida varias veces y te lo dice alguien que sobrevivió un par de años escribiendo en el buscador de Google: "¿Te puedes morir de cruda?". Y aunque sí existan varios casos de muertes por cruda, no es muy común.

Todos sabemos que hay miles de remedios que dicen curar o ayudarte a sobrellevar una cruda terrorífica, pero no todos funcionan. La mayoría requiere demasiados pasos y en ese estado lo que menos quieres hacer es moverte o hacer funcionar tu cerebro frito. Aunque muchos digan que funcionan, simplemente no te curan nada.

Vengo con la buena noticia de que tus días de agonía causados por el mal de una cruda han llegado a su fin. Ni agradezcas, será un placer saber que revives gracias a este consejo tan valioso.

IMPORTANTE: Debes seguir al pie de la letra las instrucciones, si no lo haces, entonces sólo tienes muchísimas ganas de sufrir.

1. Vas a necesitar dos sueros orales. (De los mismos que les dan a los bebés recién nacidos para hidratarlos después de una diarrea o vómito.) Cómpralos antes de salir a la peda para tenerlos al alcance en caso de una emergencia de este tipo y mételos al refrigerador.
2. Sirve el suero oral en un vaso con un poco de hielo. (Beberlos a temperatura ambiente te causará asco.)
3. Tómate los dos sueros, uno tras otro, de fondo. Entiende que esto no es por placer, es por supervivencia.
4. Tómate dos aspirinas.
5. Espera media hora.

Hay consejos por los que siento que sí me deberían de pagar. Éste es uno de ellos.

De nada.

COSAS QUE APRENDÍ
DE MI ABUELA

Aquí va una lista. Te la comparto porque mi abuela era una fiera y nadie se metía con ella, y puede que algunas de estas cosas también te sirvan. En una de ésas también te conviertes en una fiera y nadie se vuelve a meter contigo.

- No tienes que ser una cabrona con todo mundo, pero, si te faltan el respeto, estás en todo tu derecho de comportarte como una cabrona y eso no te hace menos dama. A cabrona, cabrona y media.

- El tequila se toma derecho, sin hacerle caras.

- Bajarte del coche para ir a mentarle la madre al chofer de un camión sólo porque se metió a tu carril sin usar la direccional, no es buena idea, pero si se tiene que hacer, se hace.

- A veces lo único que necesitas es sentarte en una mesa de *blackjack* con tus amigas y olvidarte del mundo.

- Si tienes suerte, el amor y la vida te van a despeinar. Acostúmbrate.

- Entre más chingona eres, más te van a odiar porque no pueden ser tú, aunque intenten copiarte.

- Muy frecuentemente lo barato sale caro.

- Hay que saber bien con quién utilizar la sonrisa matadora.

- Aquí, la que manda eres tú.

CoNoZCo LA SALIDA

Querido lector:

Espero que después de todo lo que has leído en este libro seas un poquito más feliz o tantito menos miserable. Si es así, entonces habré cumplido mi misión.

No queda más que agradecerte por confiar en mí. Sobre todo, quiero pedirte de corazón que no asumas que este libro te podrá salvar de tus propios errores y pendejadas. Sabes que con todo gusto te acompaño mientras los cometes, pero el único que en verdad puede hacer algo para ayudarte eres tú.

Por último, recomiendo estar agradecido por todo lo que tienes en tu vida. Que te tocó lo que te tocó y como te tocó. Que si todavía no eres la persona que deseas ser algún día, nunca es tarde para comenzar. Que si no conseguiste todo lo que querías o lo que se te prometió, no quiere decir que no lo puedas lograr en un futuro.

Agradece que algunos pocos sigan en tu vida y que otros no. Que algunos

de ésos volverán y que para entonces
tal vez seas tú quien tenga que irse.

Agradece si has amado y si también te
han amado. También si te hicieron pedazos
porque gracias a eso te encontraste.

Agradece que hasta este punto de
tu vida has sobrevivido todo lo que
pensabas que te iba a matar. Que has vivido
cosas que ni tú te crees y que nadie te
creería si las contaras. Que tus locuras no
definen quién eres y tus éxitos menos.

Agradece que todos los días estás
haciendo lo mejor que puedes con lo que
tienes. Que aunque tengas mil y una dudas,
sabes bien que lo mejor está por venir.

Agradece que nada es lo que parecía.

Agradece si por fin entiendes que
el tiempo no vuelve ni se frena sólo
porque no sabes qué hacer con él.

Agradece que estás vivo y que eso
significa arriesgarse para que no tengas
excusas para ponerte cómodo. Que aún
te falta mucho por hacer y deshacer.

Agradece que los finales se cuentan sin prisa y que, a su vez, sólo son nuevos comienzos.

Me despido por ahora. Pero no te pongas de pie, conozco la salida.